中华先烈人物故事汇

王尽美

主编 **张树军**

副主编 **王相坤** 编

编著 **徐嘉**

学习出版社

目 录
Contents

引子

王尽美，原名王瑞俊，1898年6月14日出生于山东莒县北杏村（今属诸城市枳沟镇）一个佃农家庭。王尽美是中国共产党第一次全国代表大会的济南小组代表之一，中国共产党创始人之一，山东党组织最早的组织者和领导者，在党的创建和早期革命活动中，作出了卓越贡献。

王尽美少年时曾入私塾，后家贫失学，在家务农。1918年，进入山东省立第一师范学校学习。1919年，他积极参加五四运动。1920年，以北京大学为主组织的马克思学说研究会成立后，为了学习和研究马克思主义，王尽美作为山东学生会代表到北京，接触到李大钊等中国早期的马克思主义者。1920年，他与邓恩铭等人发起成立励新学会，创办《励新》半月刊，研究和传播新思想、新文化。

1921年春，王尽美参与建立济南共产党早期组织。7月，作为代表，参加中国共产党第一次全国代表大会。1922年年初，赴莫斯科出席远东各国共产党及民族革命团体第一次代表大会。

1922年4月，王尽美自莫斯科回国，任中共济南独立组组长。5月，兼任中国劳动组合书记部山东分部主任。7月，参加中国共产党第二次全国代表大会。10月，成功领导京奉路山海关铁工厂工人罢工。11月，参与领导开滦五矿大罢工。1923年7月，领导济南理发工人大罢工。10月，任中共济南地方执行委员会委员长兼宣传部主任。

1923年11月，王尽美参加中国共产党第三次全国代表大会。1924年1月，参加中国国民党第一次全国代表大会，积极投身国共两党共同领导的大革命。4月，任国民党山东省临时党部执行委员。7月起，参与组织山东反帝国主义大同盟，积极领导山东非基督教运动，奔赴山东各地推动国民会议运动。同时，还参与领导胶济路和四方机厂罢工、大康纱厂工人罢工、青岛纱厂工人第一次同盟罢工。1925年3月，任中共山东地方执行委员会委员。8月19日，因病医治无效，在山东青岛与世长辞。时年27岁。

"振臂高呼，反帝救国"

中共一大代表王尽美，1898年6月14日出生在山东省莒县北杏村的一户贫寒家庭。他幼年丧父，在祖母和母亲的抚养下长大。尽管生活困苦，求学艰难，王尽美仍然如饥似渴地追求进步思想，从小就确立了救国救民的远大志向。1918年春，王尽美怀着无比复杂的心情，依依不舍离开家乡、暂别亲人，准备赴山东省立第一师范学校北园分校学习。

临行前，王尽美登上故乡乔有山的山梁，饱含深情地向养育自己的故乡道别。看着山下连绵的瓦房和茅屋，远眺滚滚东流潍河水，想起自己将面对的未知的未来，他不禁感慨万千，写道："沉浮谁主问苍茫，古往今来一战场。潍水泥沙挟入海，铮铮乔有看沧桑。"带着这满含力量和希望的诗句，王尽美义无反顾地踏上了求学之路。

山东省立第一师范学校1914年由山东高等师范改建而成，北园分校则建于1917年。该校学制为预科一年，本科四年。学习的费用有官费津贴，学生不仅被免除了学费，二期食宿和书籍、衣物也一概由校方供应。王尽美如愿以偿进入山东省立第一师范学校后，在济南城首先看到的是一片破败萧条、满目疮痍的景象。在帝国主义和反动军阀的不断蹂躏之下，昔日繁荣的省城济南到处是断壁残垣，以及衣衫褴褛、面黄肌瘦的贫苦逃荒者。

此情此景，使年少的王尽美内心受到了巨大的冲击。救国救民的强烈愿望在他的心中升腾。他决心将全部身心投入学习，早日成为有用之才，践行教育救国的宏愿。日后，他在《我们对师范教育的根本怀疑》一文中谈及自己选择山东省立第一师范学校时说："当我之入师范，对于师范教育抱有很大希望、无穷信仰，因为乡村教育的黑暗是我所经历的。……希望到师范学校研究教育原理，探讨新教育的目的和方法……师范里的一位学生就是发达教育的一个孢子，将来能把我四万万同胞的脑筋洗刷净尽，更换上光明纯洁的思想。"

于是，王尽美便把所有的精力倾注到学习之中。他除了努力学好学校规定的课程以外，还博览群书，尤其是文史方面的书籍。然而，时间没过多久，他便再也无法在书斋中安静地学习了。他对学校推行的师范教育制度产生了深深的怀疑和困惑。在他看来，师范学校应该培养有用的人才以改造整个社会。然而，第一师范学校在办学宗旨、育人目标、教材选用及教学方法上都存在着巨大的问题，实际上是"中教式挂上师范的招牌，于师范生应具备的学问知识，教师并不去教授，只把些什么代数、几何、三角、历史、地理、经学等科目，乱堆在课程表上……"

王尽美一边苦恼于学校里"老秀才们"的陈词滥调、脱离社会的教学手段，一边被国家社会发生的剧烈变化所深深地震撼。当时，在欧洲召开的巴黎和会无视中国代表的合理要求，傲慢地决定将德国在中国山东获得的一切特权转交给日本。消息传到国内，首先激起了知识分子和青年学生的强烈反对，五四爱国运动就此爆发。

五四运动发端于北京，而山东问题是五四运动的直接起因，因此深感切肤之痛的山东人民反抗尤为激烈。在巴黎和会进行期间，4月12日，济南各校学生代表在山东省教育会会场举行会议，成立山东学生外交后援会，倡议集全国之力外争国权。4月20日，济南上万民众在演武厅外举行请愿大会，这次大会及"其悲愤之精神"很快便"传遍于北京之社会"，有报刊因此向全国人民疾呼："万万不能把山东问题当作山东一省人的存亡问题。"

五四运动在北京爆发后，山东各界群众立即组织人员赴北京慰问、营救爱国学生。5月7日，山东各界62个群众团体召集3.5万多人召开国耻纪念大会，发出通电，表示誓为北京爱国学生后盾，强烈要求严惩国贼。30多人先后登台演讲，有人当场咬破手指，血书"良心救国"4个大字，令与会者"无不陨涕，皆指天誓日，固结团体，决定此番举动如不能达圆满目的，虽牺牲全省人民身家性命，亦在所不惜"。在山东，投身爱国救亡运动最积极踊跃的还是学生群体。济南21所中等以上学校学生组织集会声援北京学生的反帝爱国斗争，后又成立济南学生联合会，下设评议会、干事部等办事机构，统一领导济南乃至山东学生的爱国运动。

这时，曾经在苦闷彷徨中挣扎的王尽美，迅速找到发挥自己才能的舞台，心胸为之豁然开朗。他清醒地意识到，在列强虎视眈眈、军阀腐朽残暴的历史条件下，整个国家和民族的命运，是不能靠埋头苦读、不问政治来改变的；热血青年应该挺身而出，去反帝反封建斗争的第一线战斗。于是，他走出课堂，奔向时代的汪洋大海。他被推选为第一师范学校北园分校的代表，领导北园分校的学生参加爱国运动。他不仅带领同学们参加集会、游行、罢课，还积极联络济南其他学校的同学一同建立反日爱国组织，进行街头宣传活动。5月23日，在济南学生联合会的组织和领导下，济南多校学生联合发表《罢课宣言》，表示将举行总罢课，并组织演讲团，分赴全省各个城市乡镇，宣讲国之将亡的危急形势；编写各类读物，激发人民的爱国热忱；成立调查部门，会同商会赴各商店调查日货，务必使其禁绝。

王尽美不仅参与了《罢课宣言》的起草，而且在各次活动中均冲锋在前，仿佛一只勇敢、矫健的海燕，在电闪雷鸣中义无反顾地与暴风雨进行搏斗。曾与他并肩战斗过的学生后来回忆道，那时的王尽美精力充沛、朝气蓬勃，他的每一次当众演讲，都激情澎湃，富有感染力。他常身着校服，在胸前挂着写有"还我河山"4个大字的白布条，向围观的群众慷慨陈词，揭露日本帝国主义无耻侵占我国山东权益的强盗行径，谴责帝国主义列强在巴黎和会上纵容日本、出卖中国的强权外交，怒斥北京的军阀政府对外软弱无能、对内蛮横无道的罪行。说到激动处，王尽美拳头紧握，用力地挥动手臂，以宣泄心中的愤懑和屈辱。他还声泪俱下地向群众陈情道：国家兴亡，匹夫有责，是奋起的时候了，在国土割裂、民族存亡如累卵的关头，凡有血性的爱国人士，应当奋起救国，誓死力争。在这次声势浩大的运动中，初入社会的王尽美不仅以他雄辩的演讲技艺、强烈的爱国热情给人们留下了深刻印象，而且锻炼了自己的组织动员能力和领导艺术。

除了参加学生运动的组织动员工作，王尽美还与第一师范学校的其他进步学生一道，创办《山东省立第一师范学校学生周刊》，以更好地激发本校同学的爱国热情，汇集更多的力量参与反帝爱国斗争。《山东省立第一师范学校学生周刊》由王尽美等人自筹自办自编，16开石印本，宗旨是"唤醒同胞，协心勠力以救亡"。王尽美参与了发刊词的起草，用情真意切的言语写道："吾等罢课，纯属救国，吾等救国，纯本良心。不忍坐视国家之沦亡，故振臂高呼，反帝救国，盟天日而誓山河，勿持心不决而犹豫从事……"《山东省立第一师范学校学生周刊》的发行，对于唤起本校学生觉醒行动，提高大家的反帝爱国热忱，起到了关键作用。

除了领导组织学生罢课运动，6月初，王尽美还出席了山东省议会召开的济南各界人士大会，受命参与济南"三罢"（罢工、罢市、罢课）的组织和宣传工作。为了组织好济南大罢市，王尽美等人召集济南各中等以上学校负责人开会、制订周详的罢市行动计划。他们连夜起草《罢市宣言》，明确提出惩办卖国贼，并没收其财产，拒绝签字，释放被捕学生，促进南北议和等4项要求。6月10日拂晓，在王尽美等人带领下，济南各校学生分批出动，来到各指定集合地点，成群结队挥舞白旗，向过往群众以及店铺高呼"罢市哟！罢市哟！"济南全城的集市、店铺，受到学生爱国热情的感染，冲破军警阻挠，发表《罢市宣言》，集体举行罢市，面粉业、建筑业、搬运业工人也相继罢工，以示配合。

山东当局害怕工商业罢市所带来的经济利益上的损失，山东督军张树元、省长沈铭昌紧急贴出联名告示，限令各商铺一律于6月11日上午重新开店营业，否则将受到严惩。面对当局的威胁，济南工商业在学生们的支持下，毫不畏惧，坚持罢市。山东当局恼羞成怒，出动了大批军警，一面威逼商铺开市营业、工厂复工生产，一面重兵包围省立第一师范、省立第一中学和女子师范等重点学校，禁止学生外出联络工商界人士。在危急时刻，王尽美等人处变不惊，再次举行各校学生代表会议，认真分析局势，研究对策。会上，王尽美指出：学生进行爱国宣传讲演，是正当的事，应该受到保护。至于军警干涉，完全是出于上级军官的意旨。下级士兵多系山东老乡，未必尽听上面的话。只要我们坚持正义的斗争，一定能得到各界的支持和同情，斗争一定会取得胜利。王尽美的准确分析，迅速解除了大家的担忧和疑惑，坚定了大家团结斗争的决心。

其后，在王尽美等的带领下，各校学生奋力一搏，冲破军警的封锁涌上街头，人群会合在一起，形成了更为声势浩大的支持工商业罢市的游行示威队伍。山东当局恼羞成怒，再次派出大量军警，强行逼迫商人开市。王尽美等便带领学生，与爱国商人们并肩站在一起，凭借一腔热血对抗军警的刺刀长枪。当局又派出骑兵，企图冲击游行队伍，强行驱散学生，2000多名学生代表便冒死结队前往山东督军署请愿。请愿的路上，他们不断受到军警的骚扰、阻挠，只好就地在西门大街一带静坐示威，进行绝食斗争。济南市民被学生们坚定的爱国情怀和视死如归的斗争精神所打动，纷纷送来食物和水援助。为了实现斗争目标，王尽美等谢绝了市民们的好意，坚持绝食，要求山东当局答应学生们正义的诉求。

山东当局见学生如此决绝，惊怖万分。在社会各界的强大压力之下，当局被迫接受了学生提出的条件：电请中央释放北京被捕学生；撤走监视各校的军警；学生演讲自由，军警不得干涉；商人开市与否，任其自由，不许军警干涉；释放因坚持罢市而被捕的商人；青岛问题不签字。这样，王尽美参与领导的济南罢市运动，便取得了最终的胜利。6月15日，济南商界、学界万余人在山东省立第一师范学校门口召开联合大会，一致决定当日下午开市。6月19日，山东各界推举83名代表，准备赴京向北京政府请愿。王尽美等带领广大学生前往车站为请愿代表们送行。学生们在车站一边高呼"拒绝合约签字""严惩卖国贼"等爱国口号，一边与代表们热情地握手、拥抱，将请愿活动的悲壮气氛推向了高潮。

济南罢市运动结束后，王尽美又全身心地参与到抵制日货斗争当中。当时，山东当局为了破坏不断高涨的学生运动，决定济南各学校提前放暑假。王尽美和石愚山等学生运动领导人则进行针锋相对的斗争。他们重新调整了学生组织，组成23人的评议会，号召各校学生暑假期间留在济南坚持斗争。同时，还组织学生在济南城内及周边开展街头宣传工作，号召民众"不买日货，不穿洋布，不坐洋车，不乘胶济铁路火车"。他们还组织精干力量，作为稽查人员，赴城关、商埠和市郊集市核查是否存有日货，一旦发现便立即予以封禁。为了提倡国货，王尽美等还在济南各校校园成立国货贩卖部，促使抵制日货运动在整个山东迅速蔓延开来。

驻守济南日军是日本帝国主义侵略中国山东的残暴武器。当时，驻济南日军所食用的大米主要靠省立第一师范学校北园校区附近的农田供给。为了打击日本侵略者，王尽美决定组织北园校区和其他学校学生，联络北园一带的爱国民众，将北园通往市区的道路、桥梁全部堵截，派人日夜把守，阻止粮食运往市区。日军知道后，气急败坏地出动士兵，抓走了数名爱国学生。为了营救同学，王尽美当机立断，组织各校千余名学生包围日本驻济南领事馆，予以坚决反击，要求日军释放中国学生。日本领事馆和日军见群情激昂，担心事态不断扩大，只好释放被抓的中国学生。在这次行动中，王尽美行为果决、立场坚定，领导各校学生沉重地打击了日本侵略者的嚣张气焰，赢得了同学们的衷心拥戴。

点燃诸城的反日烈火

1919年6月底，济南学联向全市学生发出"外籍学生回各县开展运动"的号召，王尽美积极响应，以山东省学生联合会代表的身份携数名在校同乡，回到家乡诸城，投身当地轰轰烈烈的学生运动。当时，诸城的县城以及枳沟、相州、隋家官庄、昌城等城镇的学生相继成立学生联合会、反日会、救国联合会、国货维持会等组织，进行罢课、集会、游行示威等爱国活动，反帝救国宣传及抵制日货运动如火如荼。王尽美等省学联代表的到来，更是给诸城的学生运动添了一把火。在县城，诸城县学生联合会召开全体大会欢迎王尽美等人，会上，王尽美受邀致辞。他热情称赞诸城的爱国学生

运动行动早、规模大，同时对诸城下一步的运动计划提出建议，强调要使学生运动和农民、工人、商人等结合起来，团结一致，共同进行反帝斗争。

其后不久，在王尽美等人及诸城学联的精心策划下，诸城县的反日救国大会在县城的西河滩隆重举行。一时间，全城的商店全部关门歇业，所有的学生、店员、工人和爱国士绅均涌向会场，一齐发出"反对卖国条约，提倡国货，保全领土"的怒吼。会上，王尽美首先代表山东省学联讲话，他愤怒地控诉日本帝国主义的无耻侵略和北洋军阀政府的软弱卖国行径，详细地介绍济南乃至全国的斗争形势。同时，还号召全县民众行动起来，学生罢课，商人罢市，共同抵制日货，要求北京政府拒绝在巴黎和约上签字。

王尽美讲话结束后，各学生代表、教师代表、爱国士绅代表相继发言，无不痛哭流涕，声泪俱下。到悲恸处，县里高小学生王柏年突然自发跳上讲台，扯下衣襟，咬破手指，用鲜血写下"宁死不当亡国奴"7个血字，全场为之动容。会后，大家意犹未尽，举行了规模宏大的示威游行。此后，诸城各镇均效仿县城，相继举行了爱国集会、游行。为了配合各镇的爱国活动，王尽美带领县城的教师，编写了许多易学、易记、易懂、易唱的演唱材料，如《国耻记》《救国五更》《高跷段》等。王尽美利用《长江歌》的曲调重新填词，亲自教游行群众演唱。他在歌词中动情地写道：

看看看，滔天大祸，飞来到身边。日本强盗似狼贪，硬立民政官，此耻不能甘。山东又要似朝鲜，嗟我祖国，攘我主权，破我好河山。

听听听，山东父老，同胞愤怒声。送我代表赴北京，质问大总统！反对卖国廿一条，保护我山东。堂堂中华，炎黄裔胄，主权最神圣。

这首歌词，感情充沛、通俗易唱、琅琅上口，生动地表达了山东爱国民众的心声，因此迅速在诸城等地传唱开来，影响非常大。

几天后，王尽美又徒步40余里回到老家枳沟镇。他没有立即回家看望慈祥的祖母、善良的母亲和贤惠的妻子，而是首先来到母校枳沟高小，与教师、学生进行座谈，了解有关情况，找寻继续推动枳沟爱国运动的方法。回到枳沟，王尽美惊讶地发现，枳沟虽然是个偏僻的小城镇，却遍地是日货。商店里卖日本食品，民众身上穿日本布、家中用日本杂货，学生背着日本造书包，而本地的粮食、棉花、鸡蛋、牛羊等农副产品，则经青岛源源不断地转运去日本。王尽美心痛地将观察到的情况，与枳沟高小的教师、学生进行了交流。他忧心忡忡地表示：日本现在不仅掌握了我们的经济命脉，而且肆意地剥削我们。我们的工业被打压，我们的农村经济沦为日本的物资供应地，我们的民众生活更加困苦。长此以往，国将不国，我们每个人都会成为亡国奴。现在，只有抵制日货，杜绝出口。如果全国各地都一致行动起来，国家才会有希望。大家听了，一致决定将枳沟的爱国运动重点放在抵制日货、禁止物资出口日本等方面。

抵制日货运动开始后，由于缺乏有效引导，再加上个别学生思想偏激，出现不少见日货就抄、砸、烧，见外运土货的小商贩就扣押、殴打、没收货物的极端现象。王尽美看到大量的鸡蛋等土特产被砸烂，一匹匹的东洋布、一箱箱的东洋火柴被烧毁，心痛不已。他及时召集各学生代表开会，首先作了自我批评，然后同大家一起总结经验教训，试图使运动朝着健康有序的方向发展。不久，王尽美便带领大家制定了一套"十人团"的工作制度，以保证运动有序地进行下去。"十人团"工作制度中有许多有针对性的办法，比如在发动群众抵制日货时，对于行商，查出初次贩卖日货者，将货物盖章，登记姓名、地址后，准许其销货，并要求其保证以后再不贩卖日货；查出第二次贩卖者，将货物廉价拍卖，并没收货款的50%；查出第三次贩卖者，则将货物全部没收。对于座商，第一次查出日货，将货物查清盖章，限期廉价销货；再次查出，则没收全部日货。在杜绝原材料出口方面，规定第一次查出输往青岛港口的出口货物，进行登记，批评教育后将货物运回；第二次查出，则全部予以没收。王尽美领导制定的这一系列方法举措，取得了良好的效果，既有效地抵制了日货，又极大减少了本地原材料的出口，受到民众的热烈称赞。大家纷纷唱着王尽美创作的歌谣，投身火热的爱国运动。

歌谣中写道：

穷汉白劳动，财主寄生虫。

人穷并非命，世道太不公。

农民擦亮眼，革命天才明。

在这首歌谣里，王尽美第一次揭橥"革命"的大旗，号召民众反抗社会的不公。在他的领导下，诸城的反帝爱国热潮不断高涨，越来越多沉睡的民众被唤醒，一齐发出保卫家园、抵御外侮的怒吼。王尽美还将在诸城的革命活动的经过和经验教训，及时整理成材料，发往济南学联，有力地推动了山东全省五四运动的发展。

当时，全国的形势是，在中华民族同仇敌忾的声讨下，北京的北洋军阀政府被迫释放被捕学生，并应爱国学生的要求罢免曹汝霖、章宗祥和陆宗舆的职务。6月底，在巴黎的留学生、华侨、华工数百人愤怒地包围了中国政府总代表陆征祥的住处，要求他拒绝在巴黎和约上签字。次日，中国政府代表团没有出席巴黎和约的签字仪式。至此，在中国近现代史上具有划时代意义的震惊中外的五四运动，取得了胜利。

五四运动不仅标志着中国新民主主义革命的伟大开端，也改变了一代中国青年的命运。毛泽东曾指出："五四运动杰出的历史意义，在于它为辛亥革命所不曾有的姿态，这就是彻底地不妥协地反帝国主义和彻底不妥协地反封建主义。"王尽美很好地把握住了这个历史机遇，他解放了思想，全身心地投入五四运动的热潮。在一次次尖锐的斗争中，他勇立时代潮头，不惧威逼利诱，始终站在斗争的第一线，思想觉悟、组织能力和宣传动员能力都得到了充分的锻炼。

追寻改造
社会的道路

　　五四运动不仅给中国的爱国人士一次精神的战斗洗礼，而且以彻底反帝反封建的革命性、追求救国强国真理的进步性、各族各界群众积极参与的广泛性，推动了中国社会进步，促进了马克思主义在中国的传播。越来越多的人，开始以新的眼光看待现实和未来。五四运动后，王尽美一面继续从事反帝爱国运动，一面寻求救国救民、改造社会的真理，逐渐走向接受马克思主义、成为共产主义战士的光明之路。

　　1919年7月，王尽美从家乡诸城回到省城济南。当时，为了彻底夺回日本掠夺的山东主权，济南反日运动仍如火如荼，在新闻舆论领域尤甚。

然而，北洋军阀皖系所掌控的济南《昌言报》，却逆历史大势而动，无耻地为北洋军阀的卖国行为辩解，还用捕风捉影的流言蜚语，污蔑诋毁学生的爱国运动。一些文章声称学潮是"荒废学业"的"狂热""胡闹"行为，大言不惭"国家大事无知孺子焉能过问"，要求山东当局出兵镇压学生。

当时，山东省省长沈铭昌属于文治派官员，与山东大小军阀素无渊源，因此对民众的爱国运动态度温和。这便引起掌握山东军政大权的安福系和山东督军张树元的强烈不满。他们唆使《昌言报》恶意攻击沈铭昌。7月20日，《昌言报》登载以山东十府三州公民代表的名义致国务院电，污称沈铭昌纵容学生，煽动闹事。《昌言报》这一倒行逆施的行为，引起济南各界人士的强烈愤慨。21日，济南各界千余人在山东省议会召开联合救国大会，怒斥《昌言报》的反动行为。王尽美不仅参加了这次大会，而且在会后率领数百名学生、工人，砸毁了反动军阀的喉舌《昌言报》的报馆，抓住该报经理张景云、主编薛惠卿、法律顾问张谦斋等一一责问。随后，张景云等3人被五花大绑、油墨涂面，背后插上写着"卖国贼""汉奸"的旗子，游街示众。一路上，王尽美一边痛斥《昌言报》卖国求荣的卑劣行径，一边向沿途群众宣传反日救国。

《昌言报》被捣毁，使张树元等反动军阀坐立不安。张树元急电北京政府，污蔑爱国群众是"莠民""暴民"，"肆行强暴，为所欲为"，请示"下令戒严"，"取缔一切"。北京政府同意了张树元的电请，宣布济南全城戒严，派出第二师师长、济南镇守使马良为戒严司令。

马良是皖系军阀头子段祺瑞的忠实鹰犬。他卖国无耻，冒天下之大不韪，主张在巴黎和约上签字。他是个顽固的亲日派，"感激"日本接济其饷械，反对抵制日货，鼓吹"中日合并"。在济南各粮店拒绝向日本人卖粮时，他竟出动士兵强迫粮商卖出粮食，而后在胶济路车站转售于日本人。他残忍、敌视人民，五四运动中多次带兵镇压学生运动，殴打爱国民众，罪行罄竹难书。因此，马良出任戒严司令后，变本加厉地破坏爱国进步运动。他派兵捣毁了主张反日爱国的回民外交后援会，抓捕了会长马云亭及会员朱春涛、朱春祥，还气焰嚣张地宣布"如有反抗的就砍头，一街反抗杀一街，一城反抗杀一城"。

马良的残暴不仁，使整个济南城顿时陷入一片恐怖气氛当中。然而，王尽美等经受过五四运动锻炼的爱国青年并未被枪炮和刺刀所吓倒。8月3日，王尽美同300多名各校学生一道，冒着坐牢杀头的风险，手挽手来到督军署门前请愿，要求取消戒严令，释放被捕的爱国人士，禁止军队替日本人采办粮食。马良不仅对学生的请愿视若无睹，反而令人撕毁请愿书，逮捕学生16人。为了震慑学生，他暴露出刽子手的凶残本性，下令枪杀马云亭等3名回族爱国人士。马良的倒行逆施行为，被世人怒斥为"马良祸鲁"。马良的罪行，激起了全国人民的共愤。一个以要求取消山东戒严令、惩办马良为中心的全国请愿活动勃然兴起。

《昌言报》事件和"马良祸鲁"，使王尽美加深了对北洋军阀和帝国主义的仇恨，坚定了反帝反封建、救国救民的信念。9月，他进入山东省立第一师范本科第十一班学习，还依靠在五四运动中所展现的组织能力、宣传才华、斗争意志和勇敢无畏

精神，被选为山东大专、中学的学生联合会负责人。他逐渐成长为山东社会革命活动的组织者和引领者。

进入第一师范本科学习后，王尽美发现，虽然经过五四浪潮的洗礼，但学校的教育体制仍旧腐朽、教育方针仍旧落后、管理方法仍旧我行我素，丝毫没有做好准备培养能够适应新的时代的人才。因此，王尽美便联络校友王志坚，山东省立第一中学的邓恩铭、王克捷，育英中学的王翔千，针对第一师范存在的教育方针方法问题以及限制学生思想、言论、行为自由的苛律，掀起了一次学潮，要求改变旧制度、撤换旧校长。这次学潮来势汹涌，很快席卷整个第一师范学校，共有 1000 多名学生参加了罢课。

王尽美在学潮中提出"罢课乃求学之好机会"的口号，应者云集。大家在校园里贴满"废除一成不变的旧教育""开放反帝反封建的言论，思想、活动自由"等大字标语，还采用公开讲演、朗诵诗歌、演话剧、诗歌会等形式，揭露积弊，宣传新文化运动的思想。王尽美还带领大家走出校园，走上大街游行示威，打着"驱除教育蟊贼于明信"的大旗，至省教育厅请愿。济南各校学生会及省、市学联也纷纷声援第一师范学生，向山东省政府施压。一时间，整个第一师范处于瘫痪状态。学潮持续了一个多星期，尽管校方软硬兼施，想要破坏学潮，学潮仍坚持开展下去。最后，在其他学校和各界人士的支援下，山东省省长来到第一师范，对学生表示慰问，并撤换了校长，辞退了部分老举人教师。

王尽美领导的这次学潮，虽然达到了撤换校长和部分顽固教员的目的，但学校依旧是换汤不换药，新来的校长仍维护旧的教育制度。通过这次斗争，王尽美深深感到，旧的教育制度有其深厚的社会基础，绝不是靠几次学潮、撤换校长就能实现彻底转变的；单靠改革教育制度，也不能实现救国救民的宏愿。因此，他开始深入思索，如何能够找到一条道路，完成对旧社会的彻底改造，实现国家富强的梦想。

当时，王尽美常作为山东学生会的代表赴五四运动策源地北京大学联络、学习。在北京大学，他结识了北大学生会负责人罗章龙等五四运动中的积极分子。通过与他们的频繁接触，王尽美及时地了解到全国爱国进步运动的发展形势，拓宽了政治视野，提高了思想觉悟。罗章龙后来回忆道："早在1919年下半年以后，五四爱国运动的中后期，我们北京国立八校院的学生会和外省的学生会建立了联系。起初我负责做北京大学学生会的工作，山东的学生会经常有人来北京联系。""我就是在这样一种情况下，同山东学生会的代表王尽美同志认识的。那时候，我们北京学生会的办公处设在校本部，王尽美同志为联系学生会的工作曾多次到西斋来找我。""他给人的印象是很有抱负，谦虚好学，诚挚亲切。他向我介绍山东学生运动的近况并对当时政局和帝国主义在华侵略罪行等进行剖析，义正词严，条理密察，力辟当时种种谬论，伸张革命大义，陈述极有见地，我们因此很快就熟悉了。"

此后，王尽美积极联络在济南的爱国知识分子，进一步探索改造社会的道路和方法。他们在校园里倡导新文化运动，宣传新文化思想；直接与北京大学等处联系，聘请实用主义学派创始人杜威以及胡适等文化名人来济南讲授新文化。他们的进步活动，遭到顽固守旧分子的强烈反对，学生中也因此被分为新旧两派。当时的报纸报道："济南有一件很可观的事，就是有了所谓新旧之争，而第一师范就是争的场所。教员学生皆分两派，持新主义的人数少而力量多，以教员王世栋君、刘次萧君最为有力，亦为旧头脑者攻击之……至于学生方面，争执亦很厉害。"在新旧思想的激烈交锋中，王尽美始终坚定地站在新文化、新思想的战线中，不断地发表文章、表明观点，与守旧派进行坚决的斗争。

在此期间，王尽美深受山东地区爱国运动杰出组织者王乐平的影响。王乐平是王尽美的远亲同乡，1907年加入同盟会，参加过辛亥革命和反对袁世凯复辟运动。1918年，他当选为山东省议会议员、秘书长。五四运动期间，他以省议会议员身份，往来京沪之间，为山东民众奔走呼号，赢得了国内、国际社会的支持和同情。五四运动后，王乐平深觉要实现民主和自由，必须提高民众的思想文化水平，而启迪民智的重任，则系于青年学生身上。因此，他于1919年10月创办齐鲁通讯社，附设售书部，与上海、北京、广州等地的进步团体、出版机构密切联系，"一方作通讯事业传达到外边去，一方代派各处新出版物，为介绍思潮、改良社会的先声"。齐鲁通讯社售书部经销全国各地出版的进步书刊，如《新青年》《湘江评论》《每周评论》《解放与改造》《国民》《新潮》《星期评论》等，以及一些介绍俄国十月革命、宣传马克思主义的书籍。很快，齐鲁通讯社便成为山东较有影响的一块思想文化阵地，吸引着大量的有志青年。

王尽美是王乐平的家中常客，他还常与邓恩铭、王象午、王翔千等师生一起去齐鲁通讯社购书、看书。他们一边孜孜不倦地学习、阅读进步书刊，一边相互交流、启迪，探讨救国救民、改造社会的道路和方法。渐渐地，他们不仅建立了深厚的友谊，而且有了研究共产主义、成立革命组织的共同愿景。

04 从康米尼斯特学会 到共产主义小组

　　五四运动后，中国的先进知识分子从巴黎和会的教训中，开始看到帝国主义列强联合压迫中国人民的实质，这便为马克思主义在中国的传播提供了条件。"帝国主义压迫的切骨的痛苦，触醒了空泛的民主主义的噩梦。""所以学生运动倏然一变而倾向于社会主义。"中国越来越多的先进知识分子开始意识到，要用马克思主义改造中国，像俄国一样走十月革命的道路，就必须建立一个坚强的无产阶级政党，作为革命的组织者和领导者。就这样，成立新的革命政党来领导中国人民的斗争，已经成为近代中国社会发展和革命发展的客观要求。

　　1920年3月，中国共产主义运动的先驱李大钊同邓中夏等多次商议后，在北京大学成立马克思学说研究会，以"学习、研讨和翻译马列著作，有组织地向反马克思主义思潮开展斗争"为宗旨，并设立图书馆，取名"亢慕义斋"。这是中国最早的学习、研究马克思主义的团体，亦是李大钊把"对于马克思派学说研究兴味的和愿意研究马氏学说的人"联合起来的最初尝试。此后，中国建立共产党的各项准备工作，得到共产国际的支持和帮助。经共产国际批准，俄国共产党（布尔什维克）远东局派出全权代表维经斯基、俄共华人党员杨明斋等来华，与李大钊、陈独秀等见面。这些对中国共产党的创建起到了促进作用。

维经斯基和杨明斋在北京、上海往返途中，曾多次在济南停留。他们与王尽美、邓恩铭、王翔千等亦有过多次接触。王尽美通过杨明斋，向维经斯基介绍了山东学生运动和马克思主义传播的情况，同时也得知了关于俄国十月革命、苏维埃政权、中国建立共产党组织的有关情况。通过与共产国际代表的接触，王尽美耳目一新，对苏联的政治、经济、军事、文化的各种情况有了较清楚的认识。他对社会主义、共产主义的向往与日俱增。

当时，全国各地研究、学习共产主义的组织相继涌现。这是历史发展的必然现象。1920年起，马克思主义的传播，一方面使越来越多的爱国青年如饥似渴地寻求介绍马克思主义和社会主义的书籍，另一方面也造成了空想社会主义等思想的广泛传播。许多本意是要寻求马克思主义真理的爱国青年，受到当时历史条件的制约，对马克思主义的理解不够系统、流于肤浅，许多理论问题没有得到很好的解决。因此，广泛地、有组织地研究和宣传马克思主义成为当时进步青年推动中国革命向前发展的一项迫切任务。当时，李大钊在马克思学说研究会，便经常组织瞿秋白、邓中夏、罗章龙、高君宇、刘仁静、何孟雄、张国焘等开展学习和研讨，商量在中国传播马克思主义的方法和途径。

王尽美对李大钊一直十分欣赏与崇拜。当他得知李大钊等在北京成立马克思学说研究会的消息后，便立即动身来到北大，代表山东学联，交流学习马克思主义的体会。罗章龙作为马克思学说研究会书记，热情地接待了王尽美。这段经历，后来罗章龙这样回忆道：

　　1920年3月，以北京大学为主，由8个国立院校联合组织的马克思学说研究会成立以后，王尽美同志又来到了北京。我领他到北京大学图书馆，教师、学生宿舍等处转转看看，还去看了一些外面来旁听的学生，同时，向他介绍了北京马克思学说研究会的情况。在北京念书的学生加入马克思学说研究会的是北京的会员，在北京以外各省市念书的学生或工人被吸收入会的叫作通讯会员，如天津、唐山、西安、石家庄、太原、张家口等地都吸收了一些通讯会员。通讯会员有的是本人亲自来登记入会的，也有的是本人不在京，写信申请加入的，这样联系更广泛了。连河南、湖北、广西、云南等地也都和北京的马克思学说研究会建立了联系。王尽美同志对这些都很感兴趣，他登记作为通讯会员加入了北京的马克思学说研究会。那时我任马克思学说研究会的书记，他回去后经常和我通信联系，交换刊物。通过他，还介绍了一些别的通讯会员，名字记不清了。后来，他在济南仿照北京马克思学说研究会的形式组织了山东的马克思学说研究会。

考察期间，王尽美还来到马克思学说研究会的工作现场，旁观会员们研究讨论马克思主义以及就有关问题开展辩论的场景。在亢慕义斋，王尽美看到墙上挂着一副"出实验室入监狱，南方兼有北方强"的对联。他饶有兴趣地向罗章龙询问对联的寓意。罗章龙答道：对联是大家集思广益想的，书写由宋天放完成。对联中的"出实验室"指的是从事科学工作，对应五四运动"民主与科学"总口号；"入监狱"表明大家都做好了搞革命进牢房的准备；"南方兼有北方强"是李大钊先生提出的，用于表扬各位会员坚定的革命意志，南北同志，五湖四海，济济一堂，南方之"强"加上了北方之"强"。王尽美听完，不禁受到强烈的震撼，敬佩之情油然而生。他看着对联，"自由花鲜血浇出，凯旋门白骨堆成"的诗句脱口而出，以表明自己愿意为革命的胜利、人类的解放付出生命和鲜血代价的志向。

此后，王尽美便频繁往来于北京和济南之间，学习最新的共产主义理论，接受李大钊等的指导。这一年夏秋之交，他联合在齐鲁通讯社售书部结识的邓恩铭、王志坚、李祚周、王克捷、赵震寰、王象午等，秘密建立了济南康米尼斯特（Communist，即共产主义）学会。学会的目的是收集学习各类共产主义书籍，共同钻研、讨论共产主义理论，同时为济南共产主义早期组织的成立进行各种准备。王尽美在济南康米尼斯特学会中起着重要的领导作用。

1920 年 8 月，陈独秀在上海法租界老渔阳里 2 号《新青年》编辑部，发起成立了中国共产党早期组织。这是中国成立最早、组织形式最为完备的早期共产党组织，实际上也是中国共产党的发起组织，是各地共产主义者进行建党活动的联络中心。陈独秀在其创建过程中，起着重要的作用。不久，陈独秀便函约王乐平，请他在济南建立共产党早期组织。王乐平在同盟会时期、五四运动时期以及创建齐鲁通讯社的过程中，与陈独秀有颇多交集。然而，王乐平并不信仰共产主义，因此没有参与建立共产党早期组织，而是向陈独秀推荐了王尽美、邓恩铭等青年学生，承担有关工作。

王尽美、邓恩铭等迅速与上海的共产党早期组织取得联系，加紧济南共产党早期组织的筹建工作。其间，北京共产党早期组织于1920年10月成立，王尽美也与李大钊、张国焘、罗章龙、刘仁静等北京共产党早期组织成员进行交流、沟通，并邀请他们到济南来指导工作，从而促进济南共产党早期组织的形成。

1921年春，王尽美、邓恩铭等经过几个月的紧张筹备，在上海、北京共产党早期组织的帮助下，最终秘密成立了济南共产党早期组织，成员还有王翔千、王象午、王复元等人。

邓恩铭，原名邓恩明，字仲尧，贵州荔波人。出生于1901年，10岁进入荔泉书院读书，1917年秋毕业后，来到山东投奔二叔，1918年进入济南山东省立第一中学读书。他积极参加北京学生爱国运动，被选为学生自治会领导人兼出版部部长，主编校报，组织学生参加罢课运动。在共同的斗争中，他同省立第一师范学生王尽美结成了亲密战友。1921年春，他参加济南共产党早期组织，7月赴上海出席中国共产党第一次全国代表大会。1925 年 8 月，被任命为中共山东地方执行委员会书记。1927 年 8 月回山东后，任中共山东省执行委员会书记。大革命失败后，他辗转山东青岛和济南之间，领导党组织开展斗争。1929 年 1 月，因叛徒告密，在济南被捕。1931 年 4 月英勇就义。

王翔千，原名王鸣球，字翔千，山东诸城人。出生于 1888 年，7 岁入私塾，1907 年赴北京读书，后考入北京译学馆，学德文。1911 年，王翔千从译学馆毕业后，从思想到生活，都渴望成为一个新派人物。然而，他所期望的"新派"并非生活上，而是思想上的"新"。于是，他放弃到德国人管理的胶济铁路工作，"不为外国侵略者出力"，而是来到济南，在大东日报社任编辑。后来，王翔千回到家乡，创办相州国民学校，自任校长兼教员，对青少年进行新文化、新思想教育，培养出一批新一代知识分子。1916 年，王翔千怀着对封建陈腐守旧思想的愤怒，再次离开家乡，来到济南，在山东政法专科学校任文案。五四运动中，他积极参加爱国运动，并与王尽美成为好友。1921

年春，他参加济南共产党早期组织。大革命后，他与党失去组织联系，后辗转各地，以教书为生，身体力行地继续传播着进步思想。1950 年，出任山东省人大代表、省政协委员和省土地改革委员会委员。1956 年病逝。

王象午，又名王翔舞，山东诸城人。出生于 1898 年，五四运动前后进入济南工业专科学校读书，曾参与发起成立济南康米尼斯特学会。1921 年春，参加济南共产党早期组织，后赴苏联出席远东各民族代表大会。1928 年，在严重的白色恐怖中，与党组织失去联系。1941 年病逝。

王复元，又名王全，山东历城人。出生于 1900 年，早年入私塾，曾做过修表工。五四运动前后在济南省立第一中学当电工兼传达员。因为工作原因，他和一些进步青年有了联系，还参加一些革命活动。后来，来到大东日报社任校对员，结识王尽美，参加济南共产党早期组织。1926 年，任中共山东区委委员，实际上成为共产党在青岛的主要负责人。他掌权后，贪婪和私欲逐渐占了上风，开始悄悄贪污腐化。1928 年，他贪污公款的劣迹败露，山东省委研究决定将其以贪污错误严重为由，开除出党。他由此成为中国共产党历史上第一个因为贪污腐化被开除党籍的党员。后叛变投降敌人，四处抓捕共产党员。1929年，被党的锄奸人员处决。

"光明的路上
去寻人的生活"

　　济南共产党早期组织是由王尽美等几位进步学生组织建立的，也是中国共产党早期组织的组成部分，为中国共产党的成立作出了重要贡献。

　　当时先后成立的，还有上海、北京、武汉、长沙、广州等地的共产党早期组织。这些地方，多是受新文化运动和五四爱国运动影响很深、产业工人较为集中、已经出现了一批相信马克思主义的知识分子的中心城市。因此，各地共产党早期组织成立后，纷纷有计划、有组织地进行了研究和宣传马克思主义、在工人中进行宣传和组织、促进马克思主义同中国工人运动进一步结合等有关工作。

　　在北京、上海等地的影响下，王尽美等济南共产党早期组织的成员，也开始改变单纯地在知识界和青年学生中传播马克思主义的做法，突破知识分子的小圈子，把目光和脚步移向产业工人。他们成立励新学会，广泛吸收对现实不满的进步青年，以"研究学理，促进文化"为宗旨，以"勤、俭、诚、勇"为信条。同时，出版会刊——《励新》半月刊，作为会员研究学理的主要园地。王尽美具体负责刊物的编辑工作。他在《励新》第一卷第一期卷首《我们为什么要发行这种半月刊》中指出：

新思潮未发生以前，大多数青年，安安稳稳地埋头于故纸堆里，并不去管社会怎样，人类怎样，就觉得除了"老实读书"之外，并没有旁的问题似的。近来，新思潮蓬蓬勃勃过来以后，便与前大不相同了。大多数青年，已经有了觉悟，便觉着老实读书以外，个人和社会、和人类还有种关系，非常重大，已注意到这上头，便对于从前一切的制度、学说、风俗……都发生了不满意，都从根本上怀疑起来，于是觉得满眼前里，无一处、无一事，不都是些很重要的问题了。我们一般青年对于这种问题，想得痛痛快快地给他一个解决，确实困难丛生，往往再左思右想，总是解决不来，只觉得个人肉体，和在刀心剑林里似的，不舒服极了，精神上更不消说了，感受极大的痛苦，长此以往，一定发生种种危险。

因此，《励新》上刊登了大量探索解决各种社会问题尤其是工人解决生活问题的办法的文章，以此来向工人宣传马克思主义，发动工人起来革命。

1920年11月21日，济南工业专门学校的工人反对当局以金库证券代替现金作为工资发放，从中勒索工人，于是发起了罢工斗争。但这次罢工，不仅没有达到既定目的，反而工人必须找到保人方可复工。王尽美等以此为题，在中共的早期刊物、上海共产党早期组织创办的《劳动界》上发表《济南工业专门学校工人罢工不成》，报道了这次40余名工人罢工失败的经过。文中呼吁道："我们劳动界的弟兄们，用血汗挣来一两块命钱，实在受不住这样的摧残呀！兄弟们！我们愿意这样吗？不然，气力生在我们的两只肩膀上，就该和那些钱鬼决决'你死我活'！"这是在中共创办的刊物上第一次报道山东工运的情况。

1921年4月15日，王尽美编辑《励新》第五期，在卷首刊载了工人王全（后改名王复元）的文章《成年补习班与工学主义》，文章主要描绘了中国工人的悲惨现状，提出要学习十月革命、开展罢工运动、争取八小时工作制等主张。王尽美十分欣赏这篇文章的观点，特意加上编者"瑞俊附志"的按语，称作者是"山东劳动界中之先觉者"，同时指出，要想使大多数工人觉悟起来，争取做人的权利，就必须首先宣传马克思主义，使工人有所了解，才能达到目的。王尽美提出：

我总以为劳动者所以屈服在资本家之下，那种利权并不是资本家本身所特有的，是从前劳动者借给他的，现在劳动者既觉悟了，就马上把这种利权收回来，也就是物归原主的意思，于理论上是很对，于事实上也没有什么困难。不过当这大多数未觉悟之先，少数觉悟者，不得不先尽传播酝酿的责任。一旦时机成熟，我们的理想自能一蹴而就。我所以很希望劳动同胞中之先觉者，个个往实际插手去作才好……

除了《励新》杂志，1921年5月，王尽美等还组织了济南劳动周刊社，并联络《大东日报》主笔王静一，在济南《大东日报》副刊创办《济南劳动周刊》，"点滴地介绍马克思列宁主义和苏联的状况"。《济南劳动周刊》是"山东第一份公开介绍马列主义的报刊，当时曾引起人们的注意"。王翔千任《济南劳动周刊》主编，王尽美、王复元参加编辑工作。

《济南劳动周刊》同当时各地共产党早期组织创办的《劳动界》《劳动音》《劳动者》等一样，都是为推进马克思主义与工人运动相结合而创办的刊物。王尽美等人为它写的"出版宣言"中这样写道：

我们为什么出这周刊呢？他的答案就是，我们出这周刊为的是促一般劳动者觉悟，好向光明的路上去寻人的生活。说到这里又不免生出三个问题来：（一）劳动者怎样才能觉悟呢？（二）光明的路在哪里呢？（三）怎样才算得人的生活呢？因为有这三种疑问，所以我们不能不再把我们进行的方针再简单地说明一下：

（一）增进劳动者的智识。原来中国劳动者的智识实在也不免太薄弱了。要想叫它增进，非努力教育不可，要想增进教育非设法劝导他们，启发他们，使他们都知道教育的重要不可。所以平民教育不普及以前，我们这周刊要作一个前驱，平民的教育施行以后，我们这周刊也可以作一个补助。

（二）提高劳动者的地位。劳工神圣原是已经确定的名词，不过中国沿数千年来的习惯，贵劳心者贱劳力者，显然分出个阶级来，才叫些强权者利用到今日。我们这周刊可以介绍各家的学说，引他们向光明的路上去，他们自己觉悟过来，那地位自然可提高了。

（三）改造劳动者的生活。中国现在社会的情形说到人的生活四个字，实在是有点担当不起，所以若要根本改造非先从劳动入手不可。若是大多数劳动者都得到人的生活，其余的那些寄生虫当然也可以容易屈服了。

《济南劳动周刊》积极为工人劳动者服务，受到劳动人民的热烈欢迎，一直坚持出版到1921年年底，在省外也发生过一定的影响。由著名工运领袖黄爱、庞人铨主办的湖南《劳工周刊》就转载过多篇《济南劳动周刊》的文章，如《济南印刷工人组织读书会》《济南鲁丰纱厂淫威的一瞥》《烟台海校工役罢工》等，并且全文刊载了《济南劳动周刊》主编王翔千祝贺湖南《劳工周刊》创刊的祝贺词。

《济南劳动周刊》被称赞为"劳动界自有的喉舌"，《济南劳动周刊》社则成为济南共产党早期组织对外联络"劳动界同仁、交换智识、联络感情的纯粹机关"。当时，王尽美等正在集中力量组织山东第一个工会组织——津浦铁路大槐树机厂工人俱乐部。为了更好达到教育工人，提高工人阶级觉悟的目的，他就把刊物直接送到津浦铁路大槐树机厂、鲁丰纱厂等处，向工人进行发放。

大槐树机厂是1910年德国帝国主义为修理津浦路北段的机车而建立的。全厂2000多工人常年遭受帝国主义和封建主义的双重压迫。"工人们的生活最苦。每天工作时间在14至16小时以

上，工人每月工资最低者只有几元。吃的非常坏。无床、无椅、无桌、无凳，就地而食，就地而卧。一年无节假，一切死伤疾病，都'听天由命'，无抚恤医药。工人血汗尽被榨取。"

另外，由于大槐树机厂工人集中、交通便利，因而新文化、新思潮在此多有传播，工人的自发斗争时有发生。在济南共产党早期组织成立后，王尽美等经常来到大槐树机厂进行活动，培养了李广义、黄锦荣、刘乃泮、王乃和等一大批工运骨干。王尽美常深入工人棚户区了解工人疾苦，向工人们介绍苏联和十月革命，阐释为什么工人要组织起来，争做社会主人。

1921年夏，在王尽美的介绍下，著名的早期工运领袖王荷波来到济南大槐树机厂，串联组织全津浦铁路工人。当时，北京共产党的早期组织在长辛店创办劳动补习学校和工人俱乐部，各地工人纷纷前往参观，把长辛店工人俱乐部作为学习榜样，王荷波也带领李广义等积极分子，赴长辛店学习经验。6月，李广义等回来后，参照长辛店的经验，在大槐树北街增盛东酱菜园后院的5间房子里，正式成立津浦铁路大槐树机厂工人俱乐部。这是山东成立的第一个工会性质组织，在当时引起很大轰动。此后，俱乐部在北大槐树和中大槐树又连续办起了4处工人补习学校，参加学习的工人有几百名之众。王尽美、王荷波等通过工人补习学校和工人俱乐部，给工人们讲课，把工人们组织起来，增加工人的知识，提高工人的觉悟，加强工人相互之间的联系和团结，为工人运动的深入开展打下了基础。

王尽美等在津浦铁路工人中不断深入开展工作，他用通俗的语言揭露社会的黑暗，指出"天下工农是一家，不分你我不分他，不分欧美非亚、英美日法俄德和中华，全世界工农联合起来吧，世界太平，弱小民族开放自由幸福花"，"大家联合起来，打倒官僚、地主、土豪劣绅"。这些浅显易懂的话语，启发了工人的阶级觉悟。在王尽美的支持下，津浦路机务处工匠段长寿等17人，给京奉、京汉、京绥、津浦、沪宁各铁路工人发出一封《号召信》，号召工友们起来，依靠自己救自己。信中说："咱们是生来就命苦的么？朋友，不是。断乎不是生来就命苦，也不是应当受苦。咱们要是大伙能够齐心合力地想法子救自己，那命就不苦了。""咱们要改良地位，增高生活，也不做牛马，只有大伙救大伙的一个法子。""就是咱们要结合起来，凡是做工匠的、司机的、拿旗的、小工、学徒都一齐结合在一块儿。各站结合各站的团体，合拢各站的团体结合一路的团体；再合拢各路的团体，结合五路的团体；再结合其他铁路的团体，组织全国铁路工人的团体。咱们结合这些团体，互相帮助，谋改良地位，增加生活。""就是要不做牛马要做人。""结合团体是最好的办法，是唯一的办法。""咱们自己组织团体是自己谋幸福的。"信中最后提出了减少工时、增加工资、改善待遇等8项斗争的目标要求：

（一）要长工钱。咱们的工钱，还是十几年前定的，现在生活程度长高了一两倍，咱们的工钱也应当随着生活程度长。因此咱们的工钱至少要长一倍。

（二）减少工作时间。现在世界上各国的工人都是至多做八小时的工作，咱们也只能做八小时的工作。

（三）增加花红。咱们铁路上每年赚的是很多的，现在每人至多得一个月的花红，咱们得要求每年两个月的花红。

（四）放假日不扣薪。有许多地方放假日都扣薪，我们得要求以后放假日，都一律不扣薪。

（五）星期休息不扣薪。咱们得要求每星期日都得休息，每月都作满月发薪。

（六）卫生设备。各处的医院都是有名无实的，机务处的同人简直像住在黑暗的地狱里，所以同人每年病的死的，简直不知多少。因此咱们得要求种种卫生的设备。

（七）改良待遇。凡洋人总管、工头们不得随意污辱工人，要一律平等看待。

（八）各路平等。各路工人的待遇和为工人所提供的设备，都一律平等。

当时，这封《号召信》广泛地在各铁路的工人中间流传，对于推动我国铁路工人运动的开展和工人的联合起到了十分积极的作用。其间，王尽美起到了重要的领导作用。

06 出席中国共产党 第一次全国代表大会

　　1921 年春，中国共产党成立的阶级基础、思想基础已经基本具备，已成立 8 个共产党的早期组织，拥有 50 多名党员。6 月初，共产国际代表马林和共产国际远东书记处代表尼克尔斯基来到上海，与上海的共产党早期组织成员李达、李汉俊建立联系。经过交谈，马林和尼克尔斯基建议中国方面及早召开全国代表大会，宣告党的成立。于是李达便写信给各地中共早期组织，请各处派代表二人赴上海开会。据一份档案材料记载："代表大会定于 6 月 20 日召开，可是来自北京、汉口、广州、长沙、济南和日本的代表，直到 7 月 23 日才到达上海，于是代表大会开幕了。"

王尽美、邓恩铭于 1921 年 6 月收到上海共产党早期组织的通知，不久又收到李达汇寄的旅费。正当二人准备动身南下之际，北京共产党早期组织代表张国焘路过济南停留，王尽美便召集数名济南共产党早期组织成员，在大明湖的游船上与张国焘就建党的各个问题交换意见。张国焘走后，王尽美与邓恩铭搭乘火车，于 7 月 1 日到达上海。为保密起见，他们和其他大多数代表一样，以"北大暑期旅行团"的名义寄住在李达夫人王会悟事先租下的私立博文女校内。

　　私立博文女校位于上海法租界白尔路 389 号（后称蒲柏路，今太仓路 127 号），环境清静，陈设简朴。当时正值暑假，校园内无人上课，代表们便住在楼上靠西的 3 间前楼。王尽美、邓恩铭住在靠后的一间屋内，与来自长沙的代表毛泽东的住房相邻。尽管条件很简陋，大家的卧具除了毛泽东是两条长凳架起的床板，其他人都是一张席子，直接睡在地板上，但是大家的热情高涨，心中想着的都是民族的命运和国家的蓝图。其他代表中，有王尽美所熟悉的张国焘、刘仁静，也有未曾谋面但早就读过他们文章的毛泽东、董必武、李达。

王尽美十分珍惜这一次历史性的会议,抓紧各种机会提升自己的理论水平。休会期间,他足不出户,仔细阅读会议的有关资料和其他各种书籍刊物。他还拜访来自各地的代表,利用各种机会交流、学习,畅谈对马克思主义的认识。王尽美虚心好学的态度和追求真理的执着,给许多代表留下了很深的印象。

7月23日晚,中国共产党第一次全国代表大会在上海法租界望志路106号(今兴业路76号)开幕。国内各地的党组织和旅日的党组织共派出13名代表出席大会。他们代表着全国的50多名党员。这些代表是:上海的李达、李汉俊,北京的张国焘、刘仁静,长沙的毛泽东、何叔衡,武汉的董必武、陈潭秋,济南的王尽美、邓恩铭,广州的陈公博,旅日的周佛海,以及受陈独秀派遣的包惠僧。在广州的陈独秀和在北京的李大钊因有其他事务未出席会议。出席中共一大的上述人员,平均年龄为28岁。共产国际代表马林和尼克尔斯基出席了大会。

大会由张国焘主持，马林和尼克尔斯基热情致辞后，代表们讨论了大会的议程和任务。次日，部分代表汇报了建党筹备工作的情况，分析了当前的国内政治形势，大家还对党的性质和纲领进行了热烈的讨论。王尽美则代表济南共产党早期组织向大会汇报了济南的政治形势、当地党组织建立的过程，介绍了济南共产党早期组织在宣传马克思主义和开展工人运动方面所做的工作，并对目前的形势和任务发表了自己的看法。来自山东的王尽美和邓恩铭是最年轻的代表，他们充满朝气，活力十足，给其他代表留下了深刻的印象。1936年陈潭秋撰文回忆中共一大时写道："王、邓两人是非常活泼的青年。"

中共一大是在秘密的状况下召开的。然而，会议进行到7月30日晚上时，一个身穿灰色竹布长衫的中年男子突然闯进会场，四处探察后匆忙离开。此事引起大家的警觉。具有长期秘密工作经验的马林断定此人是法租界当局的密探，建议马上中止会议，所有人分头离开。于是，代表们急忙将会议文件收拾好，除李汉俊、陈公博留下外，其他代表迅速由前门离开会场。稍后，法国巡捕房侦探和巡捕果然前来搜查。他们包围了会场，对李汉俊进行盘问，问开的什么会、开会的人哪里去了、两个外国人是什么人等问题。李汉俊早有准备，镇定地回答了这些问题。侦探和巡捕又大肆搜查一番，一无所获，便悻悻而归。

代表们离开会场后，马上来到位于上海渔阳里2号的李达住处。大家经过商议决定，为了躲避敌人的眼线耳目，将大会转移至浙江嘉兴南湖继续举行。于是，7月31日早晨，除马林、尼克尔斯基和陈公博留在上海，其余代表分别搭乘沪杭线的早班车，从上海来到嘉兴。大家在鸳鸯湖旅馆稍作停留后，便装扮为游客，徒步来到南湖风景区。当日阴雨迷蒙，南湖游客稀少，于是代表们匆匆游览过南湖烟雨楼，便登上事先租好的游船。船开到南湖湖心后，大会继续进行。

这是最后一天的会议，代表们讨论通过了中国共产党第一个纲领和第一个决议。大会确定党的名称为"中国共产党"。党的纲领是"以无产阶级革命军队推翻资产阶级"，"采用无产阶级专政，以达到阶级斗争的目的——消灭阶级","废除资本私有制",以及联合第三国际。这表明中国共产党自诞生之日起,便把社会主义和共产主义作为自己的奋斗目标。中国先进分子经过长期的艰难探索,终于找到马克思主义这一正确理论,实现了对中国革命认识上的划时代飞跃。初生的中国共产党因为对国情还了解不多,不懂得民主革命和社会主义革命的区别和联系,因此没有制定出党的民主革命的明确纲领。大会讨论实际工作计划时,决定集中精力领导工人运动,组织工会、教育工人。大会选举产生中央领导机构——中央局。中央局由陈独秀、张国焘、李达组成,陈独秀任书记。

当晚,王尽美与代表们乘坐火车回到上海。

"中国有了共产党,这是开天辟地的大事变。"中国共产党的成立,给灾难深重的中国人民带来了光明和希望。中国革命要取得胜利,首先要有一个工人阶级的革命政党。中国共产党就是一个以马克思主义为指导思想、以民主集中制为组织原则、以实现共产主义为奋斗目标的无产阶级政党。"自从有了中国共产党,中国革命的面目焕然一新了。"

同样"焕然一新"的，还有党的一大代表王尽美的心境。这时的他，十分地兴奋，下定决心为中国人民的解放事业奋斗终生、至死不渝。为了表明自己的信念，他把自己的名字由王瑞俊改为王尽美，还专门写了一首题为《肇在造化——赠友人》的诗：

> 贫富阶级见疆场，
> 尽善尽美唯解放。
> 潍水泥沙统入海，
> 乔有麓下看沧桑。

这首饱含革命豪情的诗，表现了王尽美为了人类解放事业"尽善尽美"奋斗的高尚革命情操，也表达了他愿意为实现这一崇高理想而付出全部的坚定革命意志。从此以后，王尽美便作为一名坚强的共产主义战士，牢记自己的初心使命，践行自己的誓言承诺，始终以昂扬的姿态战斗在革命斗争的第一线。

走向职业革命家之路

　　中国共产党第一次全国代表大会（以下简称一大）结束后，王尽美和邓恩铭回到济南，向其他党组织的成员传达一大精神。这时，中国共产党山东地方组织的正式称谓是中国共产党山东部，成员有王尽美、邓恩铭、王翔千、王象午、王复元。王尽美是负责人。为了更好地使大家落实一大精神，王尽美组织大家就各个重大问题进行了认真讨论，并就如何进一步加强山东党的工作进行了认真研究。他还把从上海带回的《共产党宣言》《马克思主义浅说》《工钱劳动和价值》等书籍，拿给其他成员一起阅读、学习。

　　1921年9月，中共中央扩大会议在上海召开，主要讨论发展工人运动有关事宜。一大在讨论党的实际工作时，就决定集中精力组织工人，规定党的当前的"基本任务是成立产业工会"，"党应在工会里灌输阶级斗争的精神"，要派党员到工会去工作。因此，9月的扩大会议，就是为了落实一大的精神而召开的。王尽美代表山东党组织出席了会议。他本就十分重视作为指导工人运动的马克思主义理论的学习和研究，对于党的具体工作部署，更是不遗余力地想办法去落实。

　　会议结束后，王尽美回到济南，联络原励新学会中信仰马克思主义的会员，策划建立了马克思学说研究会，作为中共山东部直接领导的学习、宣传马克思主义的公开学术团体。会址设在济南贡院墙根街山东教育会内。马克思学说研究会要求十分严格，规定入会者要有会员介绍，而且必须思想信仰一致。王尽美等还吸收大槐树机车厂、鲁丰纱厂等处的信仰坚定、斗争坚决的工人参加。后来，研究会会员发展到五六十人。当时的会员王辩后来回忆道："后来这些人大部分参加了中国共产党和社会主义青年团。当时，我15岁，也跟着父亲（王翔

千，引者注）参加一些马克思学说研究会的活动。"

王尽美积极利用济南马克思学说研究会这块阵地组织马克思主义理论的学习、宣传活动。他把参加一大后从上海带回的《共产党宣言》《马克思资本论入门》等书和其他宣传社会主义、共产主义的小册子提供给大家，并购置了《工钱劳动与资本》《列宁传》《俄国革命纪实》《共产党的计划》等进步书籍让大家共同学习。

研究会的学习形式灵活多样，每周六固定集会一次，有时举行讲演会，有时召开纪念会，有时进行分组讨论。会员马馥塘回忆说："马克思学说研究会的活动，主要是思想工作，会内组织读书，开报告会。记得曾读过《共产党宣言》和马克思的《工钱劳动与资本》等书。对一些政治事件，发表宣言和传单，表示态度。五一节时开纪念会……"会员王用章则回忆说，王尽美"尤对同志间的理论学习，恒终夜不眠，反复论证，问题不明确，不休止讨论。他的学习精神又是同志中群起而效法的"。

王尽美深知知行合一的道理，在组织会员们学习时，不是闭门造车，而是鼓励大家走出书斋开展一系列实践活动，到人民群众尤其是工人中去宣传马克思主义。五一劳动节及马克思诞辰纪念日时，他会组织大家到街头发表演说，散发传单，扩大马克思主义的影响；为抗议日本强占胶济铁路，他们曾在济南各大公园开会、演讲、贴标语。他还多次到大槐树机车厂和鲁丰纱厂宣传马克思主义理论，进行革命教育，并派遣王用章到淄博矿区，王翔千到青州省立十中，向工人、学生传播马克思主义。其间，王尽美的辛勤努力，加强和改进了中国共产党山东部的工作。他的踏实工作态度、深刻思想见解，得到了大家的一致好评。他针对不同人群，用通俗易懂的语言将马克思主义理论介绍给大家。

他给工人写下歌谣：

工人白劳动，厂主吸血虫。

工人无政权，世道太不公。

工人站起来，革命打先锋。

他给店员写下歌谣：

店员白劳动，财主吸血虫。

人穷并非命，世道太不公。

工商联合起，革命无不胜。

他给学生写下歌谣：

反帝反封建，五四大运动。

打烂旧社会，民族才振兴。

同学快觉悟，革命学列宁。

他还给士兵写下歌谣：

小兵死千万，大官立了功。

为何打内战，道理讲不清。

枪口要对外，反帝是英雄。

对于王尽美这一时期的工作与贡献，当时的会员王用章后来回忆称：

直属组（独立组）未成立前，（王尽美）即与王用章同居一室，共度艰苦生活，在艰苦中开展工运，奔波终日，恒不得饱食。有时日食一餐。1921年一部分失业工人参加工运，没有饭吃，他设法在学校设课，自己可以吃饭，还设法给别人馒头吃。随时随地与当店发生交易。在这样的生活中，经常奔走群众之中间，以身作则，领导群众积极工作。有时遭受意外打击，亦不灰心。这种刻苦耐心的精神，实在值得后人效法。尤对同志者之理论学习，恒终夜不眠，反复辩证，问题不明确不休止讨论。他的学习精神又是同志中群起而效法的。

1921年下半年，随着山东地区党的各项工作的逐步展开，王尽美身上的担子越来越重，不仅要在校内上课、组织活动，还要负责马克思学说研究会的各项工作，有时甚至还要去别的学校、工厂内开展活动。繁忙的工作，使他常常迫不得已需要在夜间翻墙离开校园，去外地进行活动。时间久了，便引起了学校校监徐昌言、秦少文等人的注意。徐昌言、秦少文认定王尽美是个"危险分子"，想尽办法为难王尽美，好趁机将他开除。百般刁难之下，王尽美忍无可忍，气愤地在学校的壁报栏写下一篇题为《饭碗问题》的文章，讽刺徐昌言、秦少文等学监表面上在办教育，实际上则是为了自己的利益四处钻营。这篇文章言辞辛辣，揭开了校方的疮疤，最终激怒了学校当局。

学校以《饭碗问题》为借口，开除了王尽美。从此，年仅 23 岁的王尽美彻底摆脱羁绊，走上了职业革命家的道路。

1922 年 1 月，在列宁的倡议下，远东各国共产党及民族革命团体第一次代表大会在莫斯科召开。中国、朝鲜、蒙古、印度、印度尼西亚等国家的共产党或革命团体派代表参加了会议。中共中央对这次会议高度重视。1921 年秋天收到参会通知后，即分派包惠僧、周佛海等赴长江一带，刘仁静到北方各城市，物色代表出席会议。10 月，刘仁静来到济南，与王尽美等进行商议后，确定王尽美、邓恩铭、王复元、王象午、王志坚、王乐平等6 人分别作为山东地区共产党、国民党及工人、青年等革命团体的代表，参加中国代表团。之所以有这样的安排，是因为根据共产国际的指示，中国派出的代表团除了共产党员外，还须有国民党及其他进步团体代表参加。显然，这是出于统一战线的考虑。

王尽美贯彻共产国际的指示，为革命力量共同奋斗的统一战线工作付出了不懈的努力。王乐平作为国民党代表赴莫斯科参会，就是他主动作为、积极争取的结果。本来，王乐平拟作为山东国民党负责人赴美国参加华盛顿会议。王尽美多次向他指出华盛顿会议的侵略本质，劝说他放弃参加华盛顿会议，赴莫斯科参会。最终，王乐平答应以中共山东部党员的身份出席远东各国共产党及民族革命团体第一次代表大会。通过这次会议，王乐平对社会主义和苏联有了很深的感触。回国后，他先后主办《十日》旬刊、《北方》周刊、《民治日报》《山东时报》等进步报刊，还同王尽美一起创办平民学会，这也为大革命前期国共两党在山东的密切合作奠定了基础。

在当时的环境下，王尽美等 6 人赴苏联的行动是完全秘密进行的。他们扮作向俄国贩卖昌邑丝绸的商人，带着货物出山海关，经奉天（今沈阳）、哈尔滨，到达满洲里。在满洲里的一家旅店中，他们找到前来接头的联络员，随后准备乘火车前往开会地点——伊尔库茨克。

当时正值隆冬季节，俄罗斯的西伯利亚地区冰天雪地、严寒刺骨。刚恢复通车不久的西伯利亚铁路路基崎岖不平，火车行驶中颠簸剧烈。更危险的是，当时苏联刚刚平息国内的叛乱以及帝国主义的武装干涉，远东个别地区，白匪残余势力尚未肃清，仍有匪徒不时骚扰铁路沿线、袭击火车。王尽美第一次体会到从事革命活动所必经的生死考验，他毫不畏惧，一路谈笑风生，体现出强烈的革命乐观主义精神。

火车行驶得很慢。因为车上煤不够用，只好烧木头，导致动力不足，足足走了3昼夜才到达伊尔库茨克。冬天的伊尔库茨克，气候异常寒冷，气温常年在零下三四十摄氏度。王尽美感受到了平生未见的严寒。但是，这寒意很快便被苏联人民的热情所融化。在伊尔库茨克，王尽美受邀参加了当地的苏维埃大会、联欢会，还主动参加了当地正在开展的共产主义星期六义务劳动。王尽美深切感受到，在连年的战乱之后，当地人民十分珍惜来之不易的自由与解放，渴望安定、渴望发展。尽管物资匮乏、生活艰苦，人们却以强烈的奉献意识和乐观态度，主动劳动，建设社会主义。这些，都给王尽美留下深刻的印象，也更加坚定了他献身共产主义事业的信念。

远东各国共产党及民族革命团体第一次代表大会原定于1921年11月12日与在美国召开的华盛顿会议同时举行，由于多数代表未能如期到会，导致会议延期。12月，当大部分代表抵达伊尔库茨克后，由于各国代表强烈要求赴苏联各重要城市参观学习，会议在莫斯科举行。

1922年1月21日，代表大会在莫斯科克里姆林宫斯维尔德洛夫大厅隆重开幕。会场庄严肃穆，主席台上方摆放着马克思的半身塑像，悬挂着用中、日、朝、蒙等文字书写的"全世界无产阶级联合起来""解放东方劳动者"巨幅横联。参加大会的远东各国代表共148人，其中中国代表团44人。大会驳斥了华盛顿会议的反动宣传，总结了远东地区各国开展革命斗争的情况和经验，根据列宁关于民族殖民地问题的理论，指明了各个被压迫民族所面临的反帝反封建的历史任务。会上，中国代表也作了报告和发言，其中专门提到了王尽美等人领导的山东工人运动，指出：山东劳工会发行《劳动周刊》，有会员500余人。山东劳工会是中国"几个较新的有实力的工会"之一。

王尽美作为中国代表团的执行委员，在大会发表的宣言上签了字。令他感触最深的，是列宁对大会以及中国代表团的关心。列宁虽然因病未能出席会议，却始终关心着大会的进行情况。他提出的民族和殖民地问题提纲在大会文献中得到了充分的体现。他还在会议期间亲切接见了中国代表团的中国共产党代表张国焘、中国国民党代表张秋白及中国铁路工人代表，向他们了解中国革命情况，询问国共合作的可能性，还勉励中国工人阶级团结起来推动中国革命前进。他语重心长地指出：中国现阶段的革命，是资产阶级民主革命，其任务是反对帝国主义和封建主义。

2月2日，大会在彼得格勒的大剧院隆重闭

幕。其后，王尽美同其他代表一道，怀着崇敬的心情，参观访问了莫斯科、彼得格勒等地的各处纪念场所，包括列宁办公室、克里姆林宫、历史博物馆、地下工作纪念馆、冬宫以及十月革命的总指挥部斯摩尔尼宫等。

众多参观场所中，令王尽美印象最深的是列宁办公室。当时，俄国刚刚初步平定内忧外患，全国上下正在医治战争创伤，经济困难，粮食尤其紧缺。因此，大家都是勒紧裤腰带开展生产活动，吃的一律是定量供应的劣质黑面包。王尽美等人来到列宁办公室参观时，意外地发现日理万机的革命导师列宁在生活上丝毫没有特殊化，吃的也是黑面包。陪同参观的有关人员介绍说：列宁同志在紧张工作而无暇就餐时，就在办公室一边工作一边吃黑面包。有时，黑面包没有吃完，就必须出去工作，就把吃剩的面包放在抽屉里，等到回来时继续吃。王尽美凝视着列宁抽屉里残存的黑面包，眼眶不禁湿润起来。在这一小块面包上，他看到了苏联人民在社会主义旗帜下团结一心、众志成城的艰苦奋斗精神，也看到了列宁大公无私的卓越风范。

更令王尽美等代表感动的是，苏联虽然处在经济严重困难时期，却为各国代表准备了丰富的食物，不仅有精粉白面，还有肉类、汤肴。代表们见了十分不安，强烈要求撤掉精美的食物，换成和苏联人民一样的黑面包。然而，到了就餐时，大家发现食物仍然是精美的菜肴。在代表们的一再要求下，苏联方面负责接待的工作人员才解释道：这样的安排是国家领导人决定的。代表们如果一定坚持要换的话，还有一个办法，就是请你们写一个条子，以你们的名义转赠给医院或幼儿园。代表们欣然接受了这个提议，写了条子，将食物转赠给了医院和幼儿园。王尽美再次感受到了苏联人民的热情和慷慨，也加深了对社会主义的热爱和向往。

远东各国共产党及民族革命团体第一次代表大会闭幕后，王乐平、王象午等先行返回国内。王尽美和邓恩铭等则继续留在苏联参观学习。当时，苏联刚刚成立 5 年，便在建设社会主义国家的过程中发生翻天覆地的变化。王尽美抱着满腔热情，同苏联人民一起参加了共产主义星期六义务劳动，还兴高采烈地参加各国代表团举行的联欢晚会。在晚会上，他用中国传统乐器三弦表演了《梅花三弄》等曲目，悠扬婉转的乐声，感染了许多人，赢得了代表们的阵阵掌声。一次，在莫斯科的一处公园游玩时，他眼见美景，喜不自禁，又悠然地演奏起横笛。笛声清脆动听，一些游人听了，竟兴奋地随着笛声跳起舞来。

在山东传播
革命火种

1922 年 4 月，王尽美从莫斯科回国，抵达济南。他根据中共中央局的指示，着力在山东发展党的组织。5 月，他正式领导成立了济南地方党组织——中共济南独立组，并担任组长。此后，他迅速带领这个只有 9 名党员的独立组，积极开展工作，向工人宣传马克思主义，在苏联期间，为了遵守保密纪律，王尽美与家中断绝联系。发展党员时，他才终于抽出时间，与家中取得联系。他的两个儿子王乃征、王乃恩回忆道：

后来一段时间，父亲的音信断绝了，奶奶和母亲非常着急，四处打听，渺无消息。大约半年之后，突然接到了父亲的家信，全家高兴极了。后来才知道，1922年1月，根据党中央的决定，父亲和瞿秋白、邓恩铭等同志一起，代表中国共产党参加了共产国际在莫斯科召开的远东各国共产党和民族革命团体第一次代表大会。是为了保密和家里断绝联系的。

　　7月中旬，中国共产党第二次全国代表大会（以下简称二大）在上海召开。出席大会的代表由中共中央局提名或协商确定。上届中央局成员是当然代表，此外还有各省党组织的代表，以及参加完远东各国共产党及民族革命团体第一次代表大会回国的党员代表。这些代表是陈独秀、张国焘、李达、杨明斋、罗章龙、王尽美、许白昊、蔡和森、谭平山、李震瀛、施存统等12人（尚有一人姓名不详），代表全党195名党员。王尽美既作为山东省的代表参会，又是参加完远东各国共产党及民族革命团体第一次代表大会回国的党员代表。

　　中国共产党第二次全国代表大会第一次全体会议在上海原公共租界南成都路辅德里625号举行。

陈独秀主持大会，并代表中央局向大会作一年来的工作报告；张国焘报告出席远东各国共产党及民族革命团体第一次代表大会的经过以及第一次全国劳动大会的情况；团中央代表施存统报告社会主义青年团第一次全国代表大会的经过以及大会通过的决议。大会推举陈独秀、张国焘、蔡和森组成起草委员会，负责起草《中国共产党第二次全国代表大会宣言》和其他决议案。

中国共产党第二次全国代表大会，之所以决定要出席远东各国共产党及民族革命团体第一次代表大会的党员代表参会，就是要使党的二大能够充分地吸收这次会议的精神和列宁的指示，为中国革命制定正确的纲领和策略。二大期间，王尽美积极传达远东各国共产党及民族革命团体第一次代表大会的各项指示，结合山东革命斗争的有关情况，就二大的各个议题发表自己的看法和意见。

中共二大结束之后，陈为人以中共中央特派员的身份来到山东济南指导党的工作。1922年8月，陈为人根据二大党章中关于"凡有党员3人至5人均得成立一组"的规定，确定由王尽美、王复元、王用章组成中共济南基本小组，王尽美任组长。然后以基本小组为基础，建立中共济南地方支部。支部成员有王尽美、邓恩铭、王翔千、王象午、王复元、王用章、贾乃甫、赫永泰、张筱田9人。王尽美任支部书记。

中共济南地方支部成立后，王尽美又领导组建了中国社会主义青年团济南地方团组织。8月16日，王尽美、王复元、王用章、贾乃甫、赫永泰作为第一批团员加入中国社会主义青年团。9月16日，在陈为人的主持下，济南地方团组织成立大会在大明湖畔的李公祠举行，与会者10人。会议选举产生了地方团执行委员会，王复元任书记部书记，张筱田任经济部主任，贾乃甫任宣传部主任。关于团的性质，济南地方团组织宣布：本团是一个无产阶级革命性质的团体，不是资产阶级或小资产阶级研究学术性质的团体，也不是滥竽充数的团体，是要各个团员勇猛去奋斗的，所以我们的团体，必须有系统的组织，方能在恶势力中树立，必须有常常集会之机会，才能常常研究怎样进行。

在发展山东党、团组织的同时，王尽美还致力于山东工人运动，主持成立中国劳动组合书记部山东支部。

中国共产党成立后，十分注重实际斗争。中共中央依据党的一大通过的纲领和决议，领导各地党组织迅速开展各项工作。党的一大的第一个决议，大部分内容关涉工人运动，指出党的基本任务是成立工会，党在工会里要灌输阶级斗争的精神，以保证工会成为无产阶级的阶级组织，成为无产阶级向资产阶级作斗争的有力工具。为加强对工人运动的统一领导，中央局于1921年8月11日在上海成立中国劳动组合书记部。这是党领导工人运动的第一个公开机构。8月16日，《中国劳动组合书记部宣言》发表，科学地分析了中国工人的悲惨境况，强调工人阶级联合起来的重要性。不久，中国劳动组合书记部相继在各地建立分部。在北京建立北方分部，罗章龙任主任，工作范围包括直隶、山东、山西、陕西、甘肃以及东北三省，工作重点是发动和组织北方地区的铁路工人和开滦煤矿工人。

1922年5月底，在王尽美和中共济南独立组的领导下，中国劳动组合书记部山东分部在济南成立。王尽美兼任山东支部主任。他撰写了《中国劳动组合书记部山东支部宣言》，深刻地揭露半殖民地半封建社会的中国的广大工人已"变成本国或外国资本家富源开发者和资本家的新式奴隶"。同时，王尽美还尖锐地指出工人中存在的一个严重问题——帮会问题。当时，济南的工人以籍贯不同结成许多帮派，各派之间相互敌视，纷争不断，严重地影响了工人内部的团结。工人的帮派争斗，还经常被资本家利用，以破坏工人的罢工。对此，王尽美指出：劳动者工人阶级只有摆脱封建行会的束缚，按产业组织起来，才能改变悲惨的命运。"劳动者没有组织，就是有也不过是无意识的结合，自然这种团体不能够自卫，也自然没有反抗的能力。而且劳动者将他们分成天津、济南、南方等帮是不行的。这是将一个产业底下的劳动者，不分地域、不分男女老幼组织起来，成一个产业组合，因为这样一种团体才能算一个有力的团体。要这样的组织法，劳动者才能用他们的组织力，做奋斗的事业，谋改良他们的地位呢！"

在《中国劳动组合书记部山东支部宣言》里，

王尽美还介绍了山东分部的性质和任务："中国劳动组合书记部山东分部是由山东的一些劳动团体所发起的，是要将各个劳动团体联合起来的总机关。他的事业是要发动劳动组合，向劳动者宣传组合的必要，要联合或改组已成的劳动团体，使劳动者有阶级的自觉，并要建立山东工人们与各地工人们的密切关系。"王尽美还热情地指出中国工人的光明前途："我们拿各国经历过的事实来做比分，知道我们的事业在起初是很困难的。但是资本制度在中国一天比一天的发达，我们相信劳动团体也会日渐发达，日渐有力，并且相信将来的世界一定是工人们的世界。"

除了发布宣言，王尽美还领导中国劳动组合书记部山东分部，全力投入工人运动的火热斗争当中。他首先领导了济南理发工人的罢工斗争。

当时，济南市的理发业工人生活十分困难。1922 年 6 月，山东警察厅毫不体恤工人疾苦，下达一道通令，要在理发行业征收"卫生执照捐"，每个理发工人要交纳捐款两元。此举立刻引发济南理发工人的强烈不满，理发工会负责人随即在济南

关罗祖祠召集会议，研究对策。王尽美知晓情况后，立即联络理发工会，帮助他们组织罢工游行，向反动政府示威。在王尽美等的努力下，理发工会首先开展内部整顿，加强领导力量。随后，他们制定游行口号，准备传单、旗帜，并组织全市的理发工人停止营业，涌向街头，高呼口号，向当局发出抗议。

游行队伍来到济南南圩子门外后，便停了下来，举行大会。在会场"要求山东警察厅免去卫生执照捐"的横幅下面，王尽美发表慷慨激昂的讲话，他号召大家团结起来，向当局进行斗争，不达目的誓不罢休。大会还通过3项决议：要求反动政府免去卫生执照捐；释放全部被捕的工人；争取工会组织的合法化。

理发工人的游行、集会，使山东警察厅惊恐万分。当警察厅派人前来干扰时，王尽美代表理发工人上前交涉，提出大会通过的3项决议，声明3项决议都必须得到满足，缺一不可。3个小时后，在工人们强大的威慑下，警察厅完全答应了工人们的要求。

就这样，在王尽美等的领导下，济南理发工人罢工取得了完全胜利。其后，王尽美不仅向大家继续说明团结一致的重要性，还带领他们扩建了济南理发工会，制定了工会组织简章。很快，济南理发工会便成为领导济南市理发业工人战斗的核心力量。在这一过程中，山东工人的阶级觉悟、团结一致，得到淋漓尽致的体现。王尽美也积累了领导工人与反动政府斗争的经验，提高了自己的领导才干。

　　中国劳动组合书记部山东分部成立后，王尽美还继续密切地关注大槐树机车厂工人的斗争情况。他多次派人赴大槐树机车厂开展活动，与厂内的李广义等共产党员讨论成立工会的问题。1922 年 6 月 18 日，李广义等组织数百名积极分子，在原工人补习学校旧址召开工会成立大会。工会的成立，令工人们欢欣鼓舞，他们穿上自己最干净的衣服，敲锣打鼓，放着鞭炮，像过年一样的热闹。大家自发游行欢庆，队伍高喊着"劳工神圣""工会万岁"等口号。

　　大槐树机车厂是在中共济南独立组和中国劳动

组合书记部山东分部的领导、帮助下成立的山东第一个产业工会。工会简章中明确指明工会的宗旨，即"以提倡工人之教育，增进各工人智识，发扬工人之道德与人格，而使各人有爱友之心，互相扶助之力，将来于社会上谋一立足之地位，于各人存有爱国之观念，保全工人之利益与幸福，使吾国之工人将来与欧西各国之工人，并驰于一轨为入手"。王尽美十分重视该工会的成立，专门撰文祝贺道：

好了　好了

劳动界一线的曙光　放到我山东来了

你是握着南北交通的枢机

你是传播文明的利器

你要为山东劳动界多少同胞

首先把这个担儿挑起

但愿你下上决心　养足实力

认定方针　辨清目底（的）

你要知道

你的后面还有多少同情的兄弟

想要跟着你即时奋起

你要能好好地给他们作一个榜样儿

那才是你的成绩

努力　努力

有多少亲爱的同胞　眼巴巴地望着你

经过一段时间后，王尽美在实践中发现了大槐树机车厂工会章程中存在的问题，比如有些"章程上订了很多拥护工厂、限制工人的条文"，"所选职员大半系工头，工人无发言余地"；工人参加"这个会以后，我们工人反倒不自由了"。于是，王尽美发表《大槐树机车厂一个工人告厂友书》，指出工会所存在的缺点：第一，许多工人对工会并不热心，缺乏责任感。"工会就是保护我们全体会员的生命的一件东西"，大家应当考虑"如何合作起来将他弄好才是"，但"许多工友们都抱着一种放任的态度"，"此种毛病，请诸位即时除去才好"。第二，工会并没有掌握在专门为工人服务的人手里，使工会不能达到应有的作用。"大凡我们有个问题发生，必须利用一种精神的目光，详细考察其中的真理，不然就易于盲从……我们有许多厂友所崇好的，就是位置高的人。平日如何，我且不论，只就近二次所得的选举结果而言，很有一些不满人意的地方，如……几位先生，姑且不论他人品如何，才识如何，只就他们地位讲，他们是有产阶级的爪牙，平时是管我们的……我甚愿朋友们赶快觉悟起来，免得将来后悔呀！我总望诸位有则改之，无则加勉，开诚布公的合作起来，以达到我们人生真正目的啊。"在王尽美等人的宣传教育下，大槐树机车厂工人的阶级觉悟和认识水平得到很大提高。

领导山海关铁工厂工人罢工

中共二大期间，王尽美曾向中共中央及中共北方区委提出到中共北方区委工作一个时期，锻炼自己的才能。1922年8月，他的要求得到了上级的同意。中共济南地方支部召开会议，决定由马克先代理济南地方支部书记，王用章代理中国劳动组合书记部山东分部主任。会后，王尽美来到北京，出任中国劳动组合书记部北方分部副主任兼秘书。

当时，中共中央机关和中国劳动组合书记部总部均由上海迁至北京，党在北方的领导力量得到大大加强。中国劳动组合书记部北方分部决定利用军阀间的矛盾，大力开展铁路工人运动，向各条铁路、厂矿、城市派遣特派员。

在此情况下，王尽美被任命为京奉铁路特派员，具体负责组织京奉铁路工人发动罢工。当时，京奉铁路工人主要集中在山海关一带。山海关既是京奉铁路的枢纽，也是连接东北和华北的咽喉，许多工人聚集于此。山海关铁工厂是中英合办的全国最大的生产铁路桥梁的工厂，有数千名产业工人。他们常年生活在帝国主义、资本家和封建把头的重重剥削之下，苦不堪言，既没有政治地位，也毫无经济保障，生活环境十分恶劣。他们的工资收入微薄，与外国员工、封建把头相差甚巨。一个学徒工人月工资 3.6—4.5 元，而外国的总管月工资竟达千余元。

1922 年 8 月，王尽美来到山海关。他化名刘瑞俊，以铁工厂学徒身份为掩护，住在老工人李耀东家中。他白天做工，晚上便在工人俱乐部开办的夜校里，一边传授文化知识，一边宣传革命道理、传播马克思主义。

经过一段时间的宣传后，王尽美发现，工作的最大阻碍来自山海关地区工人的帮派问题。这里的工人，根据地域不同，分为天津帮、唐山帮、南皮帮、塘沽帮。各帮派之间相互猜忌甚至敌视，严重影响了工人的团结，阻碍了工人运动的开展。为了解决这个问题，王尽美在夜校里，利用上课的机会，对工人们进行耐心的说服工作，以启发工人的觉悟。

他向工人们提问道："资本家剥削哪个帮？"

工人们答道："哪个帮都剥削。"

王尽美接着问道："我们反对哪个资本家？"

工人们答道："资本家都是一个味，都要反！"

王尽美循循善诱，继续问道："天下的劳苦大众都是一样受资本家压迫的无产阶级。只有整个阶级的团结，才能战胜实力雄厚的资本家阶级。"他还举例子说道："把头赵璧，他是天津人，仍然压迫天津人。你们俱乐部委员佟惠亭是天津帮，他和大家一样反赵璧。不但一个厂的工人不应该分帮分派，秦皇岛、唐山、长辛店、郑州的工人也都应该团结起来，才有力量。"王尽美深入浅出的讲话，句句说到了工人们的心坎上，使工人们觉得十分亲切。慢慢地，工人间的帮派对立大大缓解了。

此后，王尽美决定领导工人展开罢工斗争，让大家在斗争中经受锻炼、得到成长。他把斗争的矛头指向山海关铁工厂总管、封建把头赵璧。此人营私舞弊、作恶多端、压榨工人，工人们早就对他恨之入骨。8月下旬，在王尽美的带领下，工人们揭露了赵璧的罪行，将告状信送至天津京奉铁路局。然而，铁工厂的英国总管包庇、纵容赵璧。这引起工人们的强烈不满。王尽美立即召集俱乐部各委员开会，讨论决定继续告状，迫使铁路局答应工人们的要求，开除赵璧。

9月14日，在工人们的持续施压之下，天津铁路局宣布开除赵璧等几个工头。王尽美领导的罢工斗争取得初步胜利。对于这段经历，当时与王尽美一同工作的罗章龙回忆道：

1922年，国内革命的职工运动狂热地发展，北方铁路工人实属此运动中心。尽美时方在京奉路山海关独当一面工作。该地为关内外出入要站，国内战争必争之地，所以军阀防御工人守备极严密。而工人间帮派分歧，互为仇敌。尽美初至时进行最感苦闷，但遂变装毁容，投身工人为冶铁学徒，昼作苦力，得闲便向工人宣传。此时尽美以一"工钱奴隶"，赤手空拳与工头、厂长、工贼、军警等搏斗，历尽人生未有的苦痛。卒运用他的智力克服一切困难，打倒许多强权，于三个月内全体工友群众均接受了他的宣传，山海关工会遂在尽美领导之下宣传成立。

反赵璧的斗争取得胜利后，王尽美立即着手健全山海关工友俱乐部的组织结构，他在工人中普遍成立十人团，团内设干事一名；每个车间设委员一名；工厂设厂方委员会，委员会选出正、副委员长作为俱乐部的总负责人；俱乐部内设庶务、交际、文书、娱乐等股，由俱乐部委员分别负责；俱乐部还设有总干事，主持俱乐部日常工作。此外，还在工厂里组织了工人纠察队，设纠察队总队长，由俱乐部总干事兼任，各车间则设有分队，各分队设一分队长。至此，山海关工友俱乐部渐渐成为工人活动的领导核心，山海关及其周边地区的工人运动都活跃起来。

另外，赵璧虽然被开除了，但工厂方面与工人的矛盾却并未消失。新来的总管与厂方的工程师陈宏经相勾结，以"上厕所超过三分钟"为由，开除了工友俱乐部委员长佟惠亭。工人们得知这一消息后，十分气愤。他们聚集在俱乐部门口，要求俱乐部带领大家，向厂方提出撤销开除决定。

王尽美见到工人们群情激昂的场景，心中十分激动。他经过思考后决定，将斗争引导到改善工人的生活待遇和争取工人基本权利的目标上来。他同俱乐部其他成员商量后决定，先向厂方提出要求，如不答复，再组织罢工。于是，俱乐部向厂方提出6项要求：

（一）速开革陈宏经，请我们的代表佟惠亭、景树庭二君复职，并将二君停工期间工资完全发给。

（二）每星期日及各种假日均要休息，并须发给全薪。

（三）凡工人一律加薪，按15元以下者加三成；15元以上者加二成；50元以上者加一成。

（四）以后每年加薪两次。

（五）此次直奉战争，工人所受损失极大，应按火车房例，同样发给奖金。

（六）关于待遇平等，包括下列各项：

1.每年须有两星期例假，假中发全薪；

2.每三年须有两月例假，假中发全薪；

3.病假必须发全薪；

4.工人向厂买物及购煤，必须与员司同等待遇；

5.工人家眷来往乘车须发给全类免票；

6.每年发给五路乘车免票一次。

工人们将提出的6项要求呈送京奉铁路局，并且登报。为了获取外援，王尽美写好电讯稿，通过劳动组合书记部，告知各地的工人组织，请求得到声援。

直到9月25日，工人们也没有得到京奉铁路局的答复。于是，王尽美决定召开露天大会，动员工人，继续向当局施压。当日下午6时，山海关铁工厂北厂门外的空地上，聚集了1000多工人。王尽美首先作了慷慨激昂的演讲："我们工人是创造世界的，为什么被人家贱视？要知一切幸福，非由生命热血换不来的。我们团结起来誓死力争，没有办不到的！如今当局不允我们的要求，就是想看看我们的实力。我们再不起来奋斗，怕是没有得到好处的日子了。"在王尽美的讲话激励下，工人们一致表示："当局再不承认我们的条件，我们就罢工！"

面对工人的合理要求，当局软硬兼施，敷衍塞责。9月30日，京奉铁路局给俱乐部发来一份公文，公文中回避"开革陈宏经，请我们的代表佟惠亭、景树庭二君复职"的要求，对工人的经济要求也未能满足。同时，厂方贴出一张"告示"，以停工关厂来威胁工人。

王尽美见招拆招，决定第二天召开第二次露天大会。大会开得十分热烈。据《晨报》报道："十月一日下午第二次全体露天大会，工人绝非昔比，内部组织更极详密，尤其惊人者是他们开会的秩序之严格。当日散工出厂的时候，各厂的工人由该厂的纠察分队长持白旗带领，由纠察总队长指挥着，步伐极整齐地到他们开会的地方去，其时，会场中已布置妥当，当中立一大白旗，上书'劳工神圣'四个大字。其外各式旗帜不下百余幅，都书有'是阶级斗争的表现''是生死存亡的关头''驱逐工贼陈宏经''从此打倒奴隶制'等标语。一时全场白旗飞舞，万头攒动。"

会上，佟惠亭将铁路局的批文当众宣读。工人们听完，愤怒地高呼："罢工！罢工！罢工！"这时，王尽美站了出来，说道："本厂职员们见我们群情愤激，竟异想天开，拿大话来吓我们，才贴出一张'告示'来，说我们若罢工，他们就闭门不开厂了。其实我们劳动运动的终极目的，就是收归一切工厂由工人自己管理。于今他们若闭门不干了，那正好我们趁机收回来我们自己管理，岂不爽快！"

王尽美痛快地说出了大家心声。大家听了，情绪愈加激动。会后，王尽美一方面继续准备罢工，一方面派佟惠亭等代表工人，赴天津京奉铁路局谈判，表明罢工工人的坚定态度。临行前，王尽美特意指示，谈判不是向铁路局乞求，不要对路局抱有幻想。

果然，铁路局根本无心答应工人的条件，他们一面通过谈判拖延时间，一面给山海关厂方下达密令："火急联系军警准备应付罢工条件"。王尽美得

知情况后，当机立断决定举行罢工。

10月8日下午刚一上班，王尽美便带领工人举行声势浩大的示威游行。游行队伍手举写着"争取自由平等"的横幅，高喊着"劳工神圣""劳工万岁""中国万岁"的口号。有1000多名工人参加的京奉铁路山海关铁工厂大罢工，就此开始。

罢工开始后，工人每天聚集在俱乐部门前等候指示。王尽美为了指导罢工，搬到俱乐部住下。白天向工人发表演说，组织游行，有时还要担任谈判代表；晚上，他常彻夜不眠，起草各类文件。他撰写的《山海关工人宣告罢工真相》一文，情真意切，感人肺腑。文中说："想我们来厂下苦力，有的十数年了，有的四五年了，天天没白没黑地去劳动，说不尽的苦楚，受不尽的虐待。为的什么，不是想得到工资来维持生活吗？不料想，近来社会生活程度日高，米珠薪桂，犹暴涨不已，而我们的工资却还是一仍旧例。以致劳苦终日，糊口维艰，困顿颠迫，每况愈下，每当散工回家，父母号寒，子女啼饥，这种黑暗地狱般的景况，尤使我们椎心泣血。"文章还揭露当局是如何欺骗工人的，指出：

"尤有甚者，工贼陈宏经，平素之营私舞弊，虐待工人，已令我们切齿痛恨。近更有赵璧贼表里反奸，千方百计来破坏我们的团体，想尽缄我们工人之口好逞其私欲，乃至我们把该贼等告发。赵璧被逐后，而陈贼幸逃法网。谁知他不惟不悔过，反一意与工人为敌，无故将我委员佟惠亭、景树庭二君开革。我们被逼到这步田地，还能忍受吗？我们心中愤结至此已不能再忍，遂向当局提出六条的要求。不想当局始则置之不理，继则派警务处处长吴达挺君和路局科员陈兆著君来调停，其实是来压迫我们。当与我们代表团交涉时，连一条也不应允，并掣出手枪示威。工友们全体大哗，是以调停决裂。我们至此已绝望了，不罢工也要冻死饿死被压迫死，如其受辱而死，不若奋斗死。所以于四日起东西两厂一律罢工。"

京奉铁路局为了破坏罢工，采取了拖的办法。他们以为，罢工日子一长，穷苦工人的生活发生困难，就会被迫上工。面对当局的拖延，王尽美和工人们没有被困难所吓倒。王尽美想方设法呼吁全国工人支援山海关工人，帮助解决生活困难。他还给部分产生动摇情绪的工人讲解坚持罢工的意义，动员他们与大家一起，把罢工斗争坚持到底。

罢工时间越来越长，工人们的困难也越来越大。情况越来越不利，王尽美认为必须采用非常手段，迫使当局迅速答应复工条件。他决定带领工人们卧轨截车。

10月9日，在王尽美带领下，1000多名工人向车站走去。当时，有4趟开往北京的列车正准备出站，全部被工人们截住。工人们围着列车高喊口号，要求京奉铁路局答复工人要求。截车斗争历时4个小时，终于使京奉铁路局答应工人的要求，作出以下答复：

（一）陈宏经立时革除，佟惠亭、景树庭二君复职，并将佟、景二君停工期间的工资完全发给；

（二）大礼拜及放假日，均发给工资；

（三）普遍的增加工资；

（四）每年增加工资一次；

（五）每年有两星期例假，每三年有二月例假，假中均发全薪；

（六）病假有医生之证明书者，第一月发全薪，第二、第三月发半薪，以后停给；

（七）工人家眷来往车票完全免费；

（八）承认本俱乐部为正当团体；

（九）罢工期间的工资完全发给；

（十）上工后俱乐部职员或部员不得无故开除。

至此，在王尽美的领导下，京奉铁路山海关铁工厂大罢工终于取得了胜利。这次罢工，在中国职工运动史上留下了光辉的一页。罢工胜利后，王尽美仍坚持在铁路工人中进行宣传和教育。

参与领导
开滦五矿大罢工

　　山海关铁工厂工人罢工胜利后，王尽美根据党中央的部署，来到秦皇岛，与罗章龙、邓培等人一起组成罢工总指挥部，领导秦皇岛、开滦五矿大罢工。王尽美具体负责发动秦皇岛的工人举行罢工。

　　开滦五矿创办于1878年，包括唐山、赵各庄、林西、马家沟和唐家庄5个矿区，原由中国官僚资本兴办，后借用英国贷款，改为中英合办，实际上完全由英帝国主义控制。这是当时中国规模最大的最早采用新式技术开采的煤矿，矿工共约4万人。秦皇岛作为5个矿区矿产出境的港口。英国人在这里设立开滦矿务局秦皇岛经理处，也叫秦皇岛矿务局。秦皇岛矿务局与开滦五矿都在开滦矿务局总经理管辖之下，因此，秦皇岛港口工人当时也被统称为开滦工人。

开滦五矿虽然设备比较先进，对矿工来说却是人间地狱。矿工们工资很低；工作时间很长，每天要劳动16小时以上；工作环境恶劣，矿井缺乏起码的安全设施，以致塌顶、起火、中毒、瓦斯爆炸等事故经常发生。除此之外，工人们还受到包工头的残酷剥削。包工头从工人工资中剥削一半以上，发给工资时，他们还要扣掉尾数。此外，工人们歇工、误事，包工头都会扣工资。更有甚者，包工头还公开放赌，使许多工人辛苦得来的血汗钱，很快便输在了赌桌上，因此负债累累。

在此情况下，中国共产党很早便派人在开滦五矿工人中开展宣传组织工作。1921年冬，中共北京地委曾制定唐山地区同盟罢工计划，准备在1922年秋，发动唐山、丰润、滦县、滦南和秦皇岛5个地方的铁路、矿山和工厂的工人，举行一次大规模的罢工。不久，中共北京地委成员、中国劳动组合书记部北方分部主任罗章龙等人，先后深入唐山和开滦煤矿了解工人的劳动生活状况，举办工人夜校，组织工会，领导工人开展斗争，并很快建立唐山京奉路制造厂职工会，由邓培任会长。1922年8月底，中国劳动组合书记部主任邓中夏在视察开滦煤矿工人的罢工准备工作后，立即决定派人加强对罢工的组织和指导。

9月间，开滦五矿先后成立工会。10月15日，中共唐山地委召开各厂矿代表参加的联席会议，研究组织联合斗争以及罢工的策略问题。10月16日，在开滦五矿工人联合会的组织下，唐山矿、林西矿、赵各庄矿和秦皇岛码头工人的8名代表，向矿务局递交请愿书，提出增加工资、改善待遇等6项要求。

同日晚，在王尽美的领导下，秦皇岛工人俱乐部还召集秦皇岛工人举行大会，进行罢工前的动员。王尽美身着工服，对大家发表演说："我是山海关铁工厂的工人代表。弟兄们，山海关铁工厂也和这里一样，开头那些资本家也是不答复条件，也派走狗说客捣乱，用尽各种花招儿，但是我们工人都看破这一点，继续和资本家作斗争，最后取得了胜利。天下工人是一家呀！我希望你们坚持到底，我们团结起来，胜利永远属于我们……"

在向矿务局提交请愿书的同时，开滦工人于10月19日正式成立了五矿工人俱乐部。同日，在中共唐山地委和中国劳动组合书记部的领导下，成立了罢工领导机构——开滦五矿同盟罢工委员会。它由中国劳动组合书记部北方分部和中共唐山地委成员罗章龙、王尽美、邓培等人，以及各矿工人代表20多人组成。

矿务局接到请愿书后，一方面迫于工人声势，不敢立即拒绝；另一方面又勾结直隶省警务处处长杨以德。他们对工人提出的要求采取"坚不退让"的态度，使用"一手持棍，一手持糖"的两面策略，企图用武装威胁和小恩小惠诱骗工人的办法，实现破坏和扼杀罢工的目的。10月22日，当工人俱乐部正在召开各矿代表会议讨论罢工的具体问题时，林西矿的6名工人代表因请愿被矿方无理扣留。代表们对此感到极大的愤怒，决定从10月23日起，举行五矿同盟大罢工。

王尽美在秦皇岛接到总指挥部的罢工指示信后，立即着手开展工作。由于秦皇岛港口的顺畅与否，关系到帝国主义的经济利益和国际声誉，因此矿务局对港口的管控极其严格。为此，王尽美鼓励工人们说："秦皇岛统治很严，但可以利用总监工朱捷三向上递交各种要求函信。资本家最怕我们向外联络罢工，我们要和唐山开滦工人一致行动。罢工时参加的人越多越好，一旦发生镇压，山海关工人俱乐部是你们的后盾。"因此，总指挥部的罢工指示信送达秦皇岛后，尽管遭遇资本家和警察的重重阻碍，王尽美依旧带领秦皇岛的工人们在几日后发动罢工。

秦皇岛码头工人的罢工开始后，王尽美等带领工人聚集到东大庙召开大会。他首先作了动员讲话，然后宣布《总同盟罢工宣言》和《致开滦总经理的一封信》。接着，工人们开始声势浩大的示威游行。据当时英国《泰晤士报》报道："此次该埠罢工，异常齐心，如电灯、机器各处及车务处、电话、医院内外全体工人无一不加入者。"

由于工人的罢工，秦皇岛港口变成了"死港"，港口存煤甚多，不能起运；停泊煤船18艘，不能起航；职工完全离职，工作全部停顿，无水无电，矿务局受到极大损失。矿务局总经理不得不承认："由于秦皇岛的罢工，以致我局大部的船只不能航行，使我们蒙受重大的经济损失。"

五矿工人的同盟大罢工，引起帝国主义和矿务局的极大恐慌。他们向直系军阀曹锟要求保护。曹锟遂派一个师到矿区，杨以德也派出唐山保安队3000人进入矿区。其中一个军警连队进驻秦皇岛。10月26日，唐山保安队在警察局门前向工人及工人家属开枪，打死1人，重伤7人，轻伤57人，造成流血惨案。对此，罢工总指挥部向全国发表第二次宣言，揭露矿务局的罪行，呼吁全国人民"主持公道"。宣言中说："现在全体工友益加激奋，非达目的不已。各界同胞们，报界诸君们，主持人道呀！我苦难工友们那就感激万分了。"

在秦皇岛的王尽美得知惨案发生后，连夜起草《秦皇岛矿务全体工人痛告国人书》，控诉道："狼心狗肺的资本家，不但不允许我们的要求，反运动中国军阀调来保安队和印度兵数千人，来包围我们，来蹂躏我们！""青天白日之下，竟在民国演此无法无天之惨杀案！公理何在？法律何在？""我们决不畏缩，决不为恶势力所屈服！经此摧残后，我们三万余人的团体越坚固。除非把我们全体都打死，不然还留我们一人活着，也要为死者报仇，和他们决战，缓和是不能够的！"

矿务局为了尽快镇压罢工，丧心病狂地使用饥饿手段对付工人。10月31日，矿务局命令各矿解散集体伙食。五矿工人俱乐部便在五矿分别开设粥厂，免费供给工人，粉碎了矿务局的阴谋。

在秦皇岛，王尽美妥善处置罢工中的各种问题，讲究斗争策略，令反动军警无计可施。秦皇岛港口罢工后，矿务局总经理与秦皇岛经理密谋，设法破坏工人。矿务局总经理提议："利用员司进行有限的运输工作。"因此，11月10日，开滦矿秦皇岛经理处运输处长李克碑（英国人）带着京奉铁路火车头进厂，企图造成车务工人已经复工的假象，被罢工工人所制止。工人们将李克碑和司机带到俱乐部。司机得知自己被李克碑利用，十分生气，就打了李克碑几下。这就是所谓"李克碑事件"。

李克碑事件发生后，交通系的报纸大做文章，诬蔑工人。王尽美于 11 月 16 日以秦皇岛工人俱乐部的名义发出《公启书》，澄清事实，表示："自始至终该洋员亲口承认不是俱乐部的人打的他"，"有耳共闻，当非抵赖。可事后该洋员竟向当局控告被我们委员某五人殴打之事实。此显系交通系工贼因风吹火，借端诬陷，来破坏我们的团体。岂不知该洋员所诬告之五人，当时事起时，有的住在唐山，有的住在林西，都未闻知吗？该交通系的工贼，勾结洋人施此卑劣手段，固不置我们一笑，然此种工贼交通系一日不去，则吾等一日不安。彼以中国人而拍洋人的屁股，以此欺伪诡诈的手段，来陷害自己的苦同胞，虽碎尸万段亦何以掩其辜。"王尽美的据理辩驳，打击了敌人的气焰，促进了罢工的顺利开展。

开滦五矿大罢工的坚持开展，给帝国主义造成了极大的经济损失。他们寻求向工人让步以结束罢工的办法。矿务局决定将"月工资 30 元以下增资 10%"的条件改为"月工资百元以下者增加 10%"，同时许诺罢工期间发给 7 天的工资。他们还派各矿包工头到工人中进行欺骗，诱劝工人复工。包工头威胁工人道：如果再不复工，矿上就要解散另招新工人了。

当时，工人们坚持罢工20多天，生活上已经十分困难。在矿务局的利诱和威胁下，许多工人停止罢工，进厂复工。11月15日，矿务局及直隶省警务处贴出布告，公布"月工资百元以下者增加10%"和罢工期间发给7天工资的退让条件。在此情况下，赵各庄、林西、唐山等矿相继复工。

当时，在王尽美领导下，秦皇岛港口工人依然坚持斗争。然而，鉴于各矿陆续复工，王尽美决定秦皇岛工人从18日起陆续复工。

至此，历时25天的开滦五矿大罢工宣告结束。开滦五矿大罢工，沉重地打击了帝国主义，再次显示了工人阶级的力量。这次罢工是继香港海员罢工之后，又一次规模很大的直接反对帝国主义的工人斗争，在国内外产生了重大影响。然而，罢工在经济上政治上都没有实现预期目标，基本上是以失败告终。究其原因，客观上是帝国主义与封建军阀的勾结，使罢工难以坚持；主观上则是由于中国劳动组合书记部对罢工重视不够，唐山地区党组织力量薄弱，斗争经验不足。在这一过程中，王尽美领导的秦皇岛港口工人却表现得十分突出，他们坚定勇敢，团结一致；令行禁止，纪律性强。就连英国的《泰晤士报》也不得不承认："查五矿同盟罢工，以秦皇岛团结最力。"

11 推动山东形成
国共合作新局面

开滦五矿大罢工之后，全国的工人运动形势处于低潮。由于形势紧张，中共中央决定调王尽美回山东工作，主持中共济南地方支部。1922 年 12 月，王尽美回到济南。这一时期，根据中央指示，他把工作重点放在健全地方党、团组织，加强马克思主义宣传等方面。

为加强地方青年团的工作，在广大学生中进行广泛的宣传，王尽美决定首先对济南团执委会等进行重新改组，充实领导机构，加强对团的领导。1923 年 4 月 15 日，济南地方团召开全体团员大会，改组地方团执委会，选举吴容沧、王翔千、贾乃甫为委员，马克先、王尽美为候补委员；吴容沧任书记，王翔千任宣传部主任，贾乃甫任经济部主任。大会还对团组织进行整顿，将团员分为5组，每组3—5人，由组长负责日常工作。大会还对团的工作进行了布置，决定"恢复马克思主义学说研究会，以资造就新团员"；大力开展五一、五五纪念活动，扩大影响。

4月下旬，在王尽美的领导下，济南马克思学说研究会恢复工作。许多青年来到这里学习、研究马克思主义，有一些还成长为积极分子，作为团员发展对象。5月1日，王尽美等领导团员，组织500多名工人，在济南举办纪念五一劳动节大会。会上，他们不仅介绍五一劳动节的由来及意义，还四处发表街头演说，动员群众。他们散发的传单上，深刻地揭露了社会的黑暗，号召群众起来抗争——

工友们，青年学生们！我们试看现在中国的现象，国际帝国资本主义者，尽量来掠夺；官僚、军阀、财阀，正（整）天在那里倒行逆施。不但大多数平民没有发展人权的机会，几乎连生存权也不能保持了。尤其是那些劳苦的工友们，受了资本家的剥削和压迫，终日为牛为马，拿汗血去报效，不但不能仰事俯畜，并且连个人的生活品，衣食住，也不能得了。

工友们，青年学生们！在这样状况之下，就甘心屈服了吗？不然，就应该快快起来，振刷精神，联络被压迫的人民，做一种示威运动，去纪念五一节。更应该从此宣告总攻击令，打倒军阀！打倒国际帝国资本主义！为自由而战，为解放被压迫人民而战！

工友们，青年学生们！你们知道现在的俄罗斯吗？他们国内的工人阶级，把皇帝、军阀、大地主、资本家都推翻了，并且已经建设了工人、兵士、农人的共和国。我们大家要急起直追啊，我们要联合起来奋斗啊！

4天后的5月5日，是马克思诞辰105周年纪念日。王尽美等为了扩大马克思主义的影响，以马克思学说研究会的名义召开会议。济南各学校教职员、学生及部分工人400余人参会。会上，王尽美报告了马克思学说研究会成立的缘起、宗旨、活动等情况，号召大家积极参加马克思学说研究会，探讨改造中国社会的方式、方法和途径。这次纪念会，极大地扩大了马克思主义在济南工人群众中的影响，也提高了马克思学说研究会的知名度。

为了宣传马克思主义，王尽美等人还想方设法在报刊上发声。8月2日，在王尽美等的推动和帮助下，《晨钟报》正式出版，进步人士汝仲文任社长，王翔千任主笔，王尽美、王用章等共产党员参加编辑工作。《晨钟报》出版发行了两年，为4开4版的报纸，每期发行量600份。其报道大多集中于工人群众开展革命斗争的情况，对帝国主义和封建军阀进行声讨。王尽美把《晨钟报》当作宣传党的主张的重要窗口。同时，他还在《晨钟报》副刊《钟声》上大量发表社论，针砭时弊。

除了参与《晨钟报》及其副刊《钟声》的编辑出版工作，王尽美还积极研究中国社会，对全国性的社会问题发表自己的见解。1923年5月23日出版的中国劳动组合书记部北方分部的机关刊物《工人周刊》上，就发表了他的《中国的兵患与匪患》《吴佩孚还想武力统一吗？》两篇文章。

《中国的兵患和匪患》一文，起因是轰动世界的鲁南临城劫车案。1923年5月6日凌晨2点半，津浦铁路一列北上的火车在临城站附近被大土匪孙美瑶所部拦截，匪徒千余人打劫财物，绑架乘客。车上200多名乘客中，有中外记者和外国旅行者多名。土匪将乘客全部绑架，其中被掳外国人共26人。

劫案发生后，英国、美国、法国、意大利、比利时5国公使先后向北京政府提出了最严厉的抗议。5月9日，5国公使限北京政府于3日内将被绑的外国人救出，逾期则依时增加赔偿。北京政府惊恐万分，停下一切事务，专心营救人质。然而，土匪绑架人质的目的，不是为了钱财，而是为了反击北京政府的进剿，迫使政府由剿匪转为招安。

北京政府迫于国外压力，对土匪施以"抚"的办法，进行招安。在此背景下，王尽美写下了《中国的兵患与匪患》一文。文中指出：

在强盗式的军阀专制的政治底下，匪即是兵，兵即是匪，兵匪哪里还有分别？你看近来的曹吴……军阀割据之下的中国里，人民受的兵患与匪患，更处在水深火热之中了！过去的事先不说，只就近数日来所爆发的事变，详说起来，已足使我们怒发上冲，恨军阀切骨！

……

以上这种例子，真举不胜举。细说起来，中国各省哪省不遭兵匪之祸？本来像中国军阀这样搜刮地皮，人民为穷所累，哪得不铤而走险，为匪作盗？他们这样扣军饷，兵士为生活所逼，哪得不叛变劫掠？唯我们一般劳苦兄弟们，天天牛马般卖气力，挣出钱来纳税纳粮地供给这伙军阀们争权夺利，互相残杀。不但不能保护人民，反成了人民的蟊贼，真不值啊！老实说罢，我们人民想过安乐生活，只有联合起来打倒军阀！

王尽美的文章，短小精干，言辞犀利，深刻揭示了"匪即是兵，兵即是匪"的残酷现实。文章最后，笔锋一转，矛头直指军阀政府，有很强的号召力和针对性。

《吴佩孚还想武力统一吗？》这篇短文，主要针对当时军阀割据下，中国处于四分五裂的状态。当时，曹锟、吴佩孚为首的直系军阀是实力最强的军阀势力。孙中山则在广州领导建立陆海军大元帅府，控制住珠江三角洲和广东中部地区，初步形成拥有数万军队的革命根据地。吴佩孚对孙中山极为忌恨，于1923年3月在洛阳召开军事会议，准备进攻四川、湖南、福建、广东等省。据此，王尽美在《吴佩孚还想武力统一吗？》中愤怒地指出：

人面兽心，杀人不嫌血腥的吴佩孚，因为孙中山拥护民主主义，将于他不利，遂幻串逆贼陈炯明祸乱广东，逐跑了孙中山，他以为此可以横行无忌了。哪知人心不服，陈贼不久便溃败无余，孙中山仍旧回了广东！他见一计不成，又生二计，又利诱民贼沈鸿英，作陈炯明第二。无奈他用的计越毒，群众心里越愤激，所以沈贼更不中用，一举动便失败了。近来已完全失却战斗力，虽有陈逆余孽想乘间助沈，然已变成了死灰里的火星了。

从此看来，吴佩孚不但不能以武力统一中国，怕是抱三民主义的孙中山一得势，他就得倒了！

王尽美在文章中，无情揭露了吴佩孚的反动面目，预言军阀统治在中国必将走向结束，极具战斗力。

在王尽美等人的努力下，至1923年10月，济南党、团组织都有了很大的发展。10月6日，中共济南地方支部召开全体党员大会，正式成立中共济南执行委员会。王尽美、王用章、王翔千被选为地委委员，王尽美任委员长兼宣传部主任，王翔千任秘书兼组织部主任，王用章任农工部主任。此后，王尽美将大量精力用于推动山东国共合作上。

国共合作的方针，是在中共三大上确定的。1923年6月12日至20日，中国共产党第三次全国代表大会在广州举行。出席大会的代表30多人，代表全国420名党员。共产国际代表马林参加大会。陈独秀代表第二届中央执行委员会作报告。大会的主要议题是讨论共产党员加入国民党问题。经过两天的热烈讨论，大会接受共产国际关于同国民党合作的指示，通过《关于国民运动及国民党问题的议决案》《中国共产党第三次全国大会决议案及宣言》等文件。文件指出：党在现阶段"应该以国民革命运动为中心工作"，采取党内合作的形式同国民党建立联合战线，"共产党党员应加入国民党"，"努力扩大国民党的组织于全中国，使全中国革命分子集中于国民党"。文件还规定了保持党在政治上的独立性的一些原则。

中共济南支部派王用章作为代表，出席了党的三大。王用章回到济南后，向中共济南支部和王尽美汇报了会议精神。王尽美对中央的决定表示拥护。随后，他立即投入落实中央指示，在山东与国民党实行合作、共同革命等工作中。

为了方便共产党、国民党两党共同开展工作，王尽美等创办育才小学，作为秘密联络点。育才小学的教员大部分由共产党人担任，王尽美、王翔千等人是义务教员。王尽美就住在育才小学内，白天授课，夜晚进行党的活动。

1923年11月24—25日，王尽美参加了在上海召开的中共三届一次中央执行委员会会议。这次会议主要是为了进一步研究贯彻党的三大决议的具体办法。会议指出，国民革命运动是目前党的全部工作，全党"当以扩大国民党之组织及矫正其政治观念为首要工作"。在政治上，促使国民党进行反对帝国主义的宣传和活动；在组织上，努力扩大国民党，"国民党有组织的地方，如广东，上海，四川，山东等处，同志们一并加入"，"国民党无组织之地方，最重要的如哈尔滨，奉天，北京，天津，南京，安徽，湖北，湖南，浙江，福建等处，同志们为之创设"。会议还指出：共产党在国民党中为一秘密组织，每个党员"一切政治的言论行动，须受本党之指挥"；在已有国民党组织的地方，"本党地方会应即与 S.Y.（指中国社会主义青年团）地会合组国民党改组委员会，以主持目前即应进行诸事"。

王尽美等在会议上作了关于济南和山东党务、劳工运动和青年团工作的报告。会议要求济南地委：努力发展党员，建立党的组织；"青岛方面同志，迅速发展一地方，张店方面亦然，努力发展，使山东成立一区"；积极开展工人运动，"先以全力注重胶济路","胶济路组织好了，则青岛工人与沿路矿工即不成问题"；积极帮助国民党改组，"督促国民党正式成立山东支部，大加扩充起来，藉以改造腐败的学生会"；扩大马克思主义的宣传，"努力扩充《响导》报及各种宣传品，并相机组织研究主义的团体"。

根据中共三届一中全会的精神，王尽美带领中共济南地委和中国社会主义青年团济南地委所属的党、团员，均在所在地区以个人身份加入国民党。王尽美本人也加入了国民党，在国民党内积极帮助改组，发展国民党员，推动各地组织的发展。

1923年11月，在国民党山东省党部召开的党员会议上，王尽美被选为出席国民党一大的代表。丁惟汾、王乐平作为孙中山指定的代表参加大会。

1924年1月20—30日，中国国民党第一次全国代表大会在广州举行。王尽美、丁惟汾、王乐平等作为山东的代表出席大会。出席开幕式的代表165人中，共产党员有20多人，其中包括李大钊、谭平山、林祖涵、张国焘、瞿秋白、毛泽东、李立三、王尽美等。他们在这次"大会上的表现是十分出色的"。李大钊被孙中山指派为大会主席团成员，谭平山任共产党党团书记，并代表国民党临时中央执行委员会作工作报告。

大会审议并通过了《中国国民党第一次全国代表大会宣言》草案。草案对三民主义作了适应时代潮流的新解释。经过重新解释的三民主义包含了新的内容和新的革命精神，后人称之为新三民主义。新三民主义的政纲同中国共产党的民主革命纲领在基本原则方面是一致的，因而成为国共合作的共同纲领。国民党一大事实上确立了联俄、联共、扶助农工的三大政策。

中国国民党第一次全国代表大会的召开，标志着第一次国共合作的正式形成。实行国共合作，既是国共两党反对帝国主义和封建军阀的共同需要，也是两党各自发展的需要。王尽美通过参加国民党一大，受到了极大教育和启发。他对国共合作的重大意义，也有了新的认识。

在大革命的洪流中

　　1924年3月，王尽美从广州回到济南后，立即召集中共济南地委和团济南地委联合召开党、团员全体大会。王尽美在会上报告了国民党第一次全国代表大会的情况。之后，会议经过讨论，部署了今后一个时期党、团的活动及与国民党联合的有关工作。

　　与此同时，国民党中央也派王乐平以山东省临时执行委员会筹备员的身份，在山东建立国民党组织。此前，山东虽有国民党组织的存在，但力量涣散，停留在上层社会，没有深入基层群众。在此情况下，王尽美等共产党员，尽最大努力，帮助国民党健全基层组织、发展党员。4月，王乐平、王尽美等召集山东各地国民党党员，在济南举行会议，建立国民党山东临时党部。会议还选举王乐平、王尽美等9人为执行委员。

改组后的山东地区国民党，阶级成分仍然复杂，形成左、中、右三派。王尽美对国民党内部的斗争和国共两党的前途有着清醒的认识。他并没有因为山东是国民党右派势力较弱的地区放松警惕，经常在各种会议上与党员、团员进行谈话，要求大家对国民党采取既团结又斗争的方针。他还身体力行，顾全大局。在一次选举中，共产党员被多选出几个，引起了国民党方面的不满，王尽美便要求几名共产党员主动退出，维护国共团结。同时，对于国民党右派的进攻，王尽美则主张坚决揭露，严肃斗争。

为了推动山东地区的国共合作，1924年夏天开始，王尽美以国民党山东省党部执行委员的身份，奔走各地，宣传民主革命思想，促进国民党组织的发展。至1925年6月，山东地区国民党先后建立济南、青岛、烟台、武定、陵县等市县党部，青州、潍县（今潍坊市）、诸城等县临时党部和栖霞等县区党部。1925年7月，国民党山东省第一次代表大会在济南召开，各地代表30多人出席会议。会议选举产生了国民党山东省党部第一届执行委员和监察委员。此后，山东地区的国共合作形势不断向好，山东国民党的成分也不断变化，工农成分迅速增加。山东国民党组织基本成为工人、农民、城市小资产阶级和民族资产阶级的革命联盟。

除了发展国民党的组织，王尽美等共产党员还积极把山东地区的革命运动引向反帝反封建的正确轨道。他们组织了山东反帝国主义大同盟，领导了山东非基督教运动和国民会议运动。

1924年7月，在中国共产党的领导下，一场以废除不平等条约为中心的反帝斗争，在全国全面展开。7月13日，北京学生联合会等50多个团体，组成反帝国主义大同盟，向全国发起反帝运动，规定9月3—9日为全国反帝运动周。为此，中共中央和团中央要求各地党、团组织，在9月7日举行反帝群众大会和游行示威。

8月初，王尽美等迅速落实中央指示，召开中共济南地委和团济南地委联席会议。会议决定由王尽美领导发起组织山东反帝国主义大同盟。8月24日，山东省和济南各界31个团体的代表举行会议，正式成立山东反帝国主义大同盟，发表《山东反帝国主义大同盟宣言》。宣言由王尽美起草，其中号召山东人民积极参加反帝爱国运动："反帝国主义是我们努力的工作，他的组织和计划是非大规模不可的。我们惟望爱国的同胞都参加此种运动，一致与我们向帝国主义战斗！盖今日之势，不奋斗以求解放，只是投降帝国主义为永世之奴隶。二者将何所择，惟在我国民之自决！"王尽美起草的宣言，成为山东反帝国主义大同盟的纲领性文献，是声讨帝国主义及封建军阀的战斗檄文。

随着反帝国主义运动的深入发展，在中国共产党领导下，全国还掀起了反对基督教运动的高潮。根据上级指示，王尽美领导了山东非基督教运动。他以中共济南地委和团济南地委的名义，联络各进步团体，发起筹建济南非基督教大同盟。1924年12月，济南非基督教大同盟召开成立大会。大会选举的领导机构中，有5名共产党员和青年团员入选，共产党员李宇超主持大同盟的工作。大会还决定，在 12 月 22—28 日的非基督教运动周内，按照团中央的指示，在山东开展广泛的非基督教运动，反对帝国主义利用宗教对华侵略，揭露教会的种种不端行为，唤起人民群众的反帝爱国意识。

12 月 25 日，是基督教一年中最隆重的节日——圣诞节。当日，济南非基督教大同盟召开非基督教群众大会，20 多个群众团体共 400 余人参加会议。会后，大家深入街头巷尾，散发写有"打倒基督教就是反帝国主义运动中最大胜利""我们要打倒帝国主义，必先打倒基督教""基督教是帝国主义在文化方面侵略中国的工具""打倒帝国主义的先锋——基督教"等内容的传单。

当时，基督教教徒在山东活动也十分活跃。他们在大街小巷，或是口头布道，或是散发宗教传单，传播宗教知识，扩大教会影响。一次，王尽美发现，几个宣传基督教的教徒在布道，引起许多人的旁观。他立即找到几位非基督教大同盟的成员，针锋相对，与基督教教徒辩论，进行反帝宣传。王尽美说道：基督教是引导帝国主义者侵略的先锋，帝国主义势力所在的地方，同时又是基督教最发达之地！它是帝国主义豢养的奴仆，在中国设立许多宣传的机关，从事文化侵略。它帮助统治阶级压迫被统治阶级，叫劳动者听天由命，不反抗现实生活，以保障资本家的剥夺。反对帝国主义必须反对帝国主义愚弄欺骗中国人民的工具——基督教。王尽美的话语，情真意切，受到群众们的交口称赞，引起了强烈反响。为此，基督教教徒很不服气，他们叫来许多帮手，穿上宗教服饰，敲锣打鼓，又是唱歌，又是跳舞，想和王尽美等人唱对台戏。

为了同基督教教徒论争，向群众宣传革命道路，王尽美继续发表十分有感染力的演讲。他慷慨激昂地说道："耶稣说：'人家打你左脸，你就把右脸也送给他打。'这不是叫我们不抵抗帝国主义的侵略吗？他们要我们的山东，难道我们连全中国都送给他们吗？"演讲完毕，王尽美赢得了听众们雷鸣般的掌声。他领导的济南非基督教宣传活动，也取得了很大的成绩。当时的报纸，如此评价道："济南的非基督教运动周，以演讲最为成功。教会在一些'游人荟萃之所'进行传教，他们在同一地方进行反基督教活动，真可谓'短兵相接'；这样连续战斗了三四天，教会虽有洋鼓洋号、画片等引诱人，但是，牧师们的鬼话，当然比不上非基督教大同盟热烈诚恳的演词……听者皆大呼废除不平等条约……激昂万分，高呼鼓掌，震天动地。"

在王尽美等人的领导下，山东人民反基督教的热忱被极大地激发出来了，掀起了反对外国教会斗争的新高潮。需要指出的是，这场斗争与义和团等旧式斗争不同，是新的无产阶级政党以新的唯物主义世界观为武器，批判唯心主义的基督教。其参加者也主要是接受新思想的青年学生。这场斗争对基督教本质的认识是清醒而深刻的，对基督教和帝国主义之间的关系的认识是清晰而准确的，对基督教的批判是尖锐且有力的。斗争的领导者把反帝与反教会结合在一起，一针见血地指出："基督教的本身，自有其相当的价值。惟充当了帝国主义侵略的工具，那便使我们不能不极端反对了。"

在领导山东非基督教运动的同时，王尽美还领导了山东国民会议运动。国民会议运动的起因是孙中山北上北京。1924年，冯玉祥电邀孙中山赴京共商国是，段祺瑞、张作霖亦发电表示欢迎。11月10日，孙中山以中国国民党总理的名义，发表《北上宣言》，提出对外取消一切不平等条约和对内扫除军阀两大目标，主张"召集国民会议，以谋中国统一与建设"。中共中央支持孙中山北上，于11月19日发表对时局的主张，指出"挽救此迫在目前的危机之方法"，"乃是本党去年北京政变时所主张的及中国国民党现在所号召的国民会议，只有这种国民会议才可望解决中国政治问题；因为他是由人民团体直接选出，能够代表人民的意思与权能。"

同时，中共中央还发出《关于各地应组织国民会议促成会展开活动的通告》，要求各地"设法在当地报纸上宣传，在街市上，在乡村中向民众游行演讲，促起大的示威运动"。王尽美根据通告精神，组织济南党、团员在11月开展对外宣传，努力促成国民会议的召开。

12月，王尽美同王乐平一起，赴北京参加李大钊领导下的国民会议促成会总会。听完李大钊等人的报告后，王尽美对开展国民会议运动的意义有

了更深的认识。其后，他又同王乐平等人一起坐火车赴天津，准备面见孙中山。

当时，孙中山重病缠身，正在天津休养，再加上段祺瑞发表《外崇国信宣言》，向帝国主义承诺遵守不平等条约引起强烈不满。于是，孙中山决定暂时在天津观望局势。12月18日，孙中山在病榻上接见段祺瑞的代表，愤怒地问道："我在外面要废除不平等条约，你们在北京偏偏要尊重那些不平等条约，这是什么道理呢？你们要升官发财，怕那些外国人，要尊重他们，为什么还来欢迎我呢？"22日，孙中山发表《孙中山在津之宣言》，提出目前的行动纲领，以及对国民会议的准备等。

王尽美等到达天津后，通过王乐平的帮助，受到了孙中山的接见。当时与王尽美同行的北京大学学生王哲，后来回忆道：

我们到了天津后要求见一见孙中山。孙中山先派人来接谈，之后，他在国民饭店分别接见了我们四人。因为，王尽美同志1924年1月在广州出席中国国民党第一次代表大会时，就与孙中山相识，所以，孙中山首先接见了王尽美同志，并与其进行了长时间的亲切的谈话。据王尽美同志回来说，孙中山先生特别关心冯玉祥倒戈、直系溃败后的北京局势。王尽美同志与孙中山先生交谈了山东国民会议运动的情况。孙中山先生以个人的名义委任王尽美同志为国民会议宣传员特派员，并授予王尽美盖有孙文之印的委任状。接着，孙中山先生又分别接见了王乐平、阎容德和我，也都颁发了国民会议宣传员特派员委任状。记得我当时穿着一身北京大学学生军军服，孙中山先生对此很感兴趣。问我会打枪吗，我说："会！"随即把他的手杖给我，叫我用它比作枪，给他表演持枪射击的动作。他对我表演的动作表示满意。孙中山先生还问我北京大学的情况，有多少要革命的，他说："中国要武装革命，要把广大学生组织起来，特别要靠比较穷苦的人。"孙中山先生还对我说："对于当前的时局，我是主张召开国民会议的。这次北上，就是为达到此目的。你们青年学生积极投入这项工作很好，到了山东，要宣传、组织群众。尽量多地成立一些地方的国民会议促成会。"

从天津回到济南后，12月28日下午，王尽美、王乐平等以国民会议特别宣传员的身份，召集山东省和济南各界代表会议。王尽美在会上发表演说，解释召开国民会议的意义及其与各界人民的关系。会议最后决定，成立山东国民会议促成会筹备委员会。1925年1月，山东国民会议促成会正式成立，发布《山东国民会议促成会成立宣言》。同时，中共济南地委决定建立中共山东国民会议促成会党团，具体指导全省的促成国民会议运动。在山东国民会议促成会成立前后，王尽美以国民会议宣传员的身份，赶往青州、潍县、青岛、淄博等地，进行国民会议促成会的宣传、组建工作。

在青州，他积极同各界接洽，先后召开团青州特别支部委员会会议、国民党员会议，还拜访各商会、学生会和学校负责人，动员各界联合起来成立国民会议促成会。在他的具体领导下，青州国民会议促成会于1925年1月1日正式成立。

离开青州，1月上旬，王尽美来到潍县，开展宣传成立国民会议促成会的活动。其后，他又马不停蹄地赶往青岛，与中共青岛组织的负责人邓恩铭取得联系。王尽美还得到国民党左派人士鲁佛民的热烈欢迎。二人后来结下深厚的友谊。在鲁佛民的帮助下,王尽美在青岛设立国民会议促成会筹备处。他还在《大青岛报》上刊登《王尽美启示》,宣传国民会议的意义,希望青岛的有识之士前来直接面谈。《王尽美启示》全文如下:

敝人此次来青,因无适当住处,致以与各界接洽,诸多不便,殊深抱歉。现与国民会议促成会筹备处商妥,每日下午二时至五时,假李村路29号神州大药房内三层楼上该会会所,招待各界。如有以国民会议事见询者,请届时驾临为盼!

《王尽美启示》发布后,许多青岛的进步人士和社会团体代表都来假李村路29号找王尽美面谈。王尽美一方面积极介绍召开国民会议的目的和意义,另一方面认真地记录大家对召开国民会议的建议和想法。他还领导青岛地区的国共两党党组织,带领青岛的胶澳教职员联合会、新学生社、女界联合会、少年学会、女权运动大同盟、反帝国主义大同盟、非基督教大同盟等社会团体，联合发出致青岛各公团公函，倡议成立青岛国民会议促成会。

1月17日，在王尽美的努力推动下，青岛各社会团体代表召开会议，宣布正式成立青岛国民会议促成会，同时通过《青岛国民会议促成会宣言》和致孙中山、段祺瑞以及各省各法团电。鲁佛民被选为青岛国民会议促成会主席，邓恩铭等15人为执行委员。王尽美在会上发表演讲，宣传召开国民会议的意义。

《青岛国民会议促成会宣言》旗帜鲜明地号召人民团结一致，要求把国家的一切权力交给国民会议。其中写道：

> 帝国主义与军阀严重压迫下之中国，虽十三年来貌称民国，而民主政治，未尝丝毫实现，以致军阀盗国，任意损坏中国国家生命及人民利益，自袁世凯以至曹吴，莫不如此。但此次直奉战争，曹吴倒后，一般军阀方在分裂崩溃状态中。在此时机，中国之政局有二大可能之倾向。一乃由人民团结努

力，实现民主政治于中央政府及地方政府；一乃继曹吴而起之军阀集中其势力，复行武力专政。前者成功，方有保障人民利益及国家统一与独立之希望；后者成功，必继续其卖国乱政引起战祸之局面。此时国民会议能否实现，及其是否真正为人民团体代表之会议，乃为两方（民主政治与武力专政）分别胜负之第一步。故吾人应速团结，努力创造真正人民代表之国民会议，并应立即努力要求一真正人民代表之预备会议，反对执政府召集之善后会议。因善后会议无异军阀之分赃会议也。在国民会议未召集之前，须特别注意者一事，即预备会议召集后，临时执政应即取消，一切政权应交国民会议处理。

青岛国民会议促成会成立后，王尽美为了进行革命宣传，还在青岛举行两场群众性演讲，扩大国民会议运动的影响。

第一次演讲是在青岛中国大舞台电影馆。王尽美在雷鸣般的掌声中走上讲台。他慷慨激昂地说道：中国外受帝国主义的侵略，内受封建军阀和官僚政客的统治，已沦到半殖民地半封建的地步。国家危亡，人民痛苦，中华民族前途不堪设想。孙中山先生提出的召开国民会议的决议，是解决当前中国问题唯一良好的办法，大家应该拥护，并促其实现。

在会场，王尽美还让人以青岛国民会议促成会的名义散发传单。传单矛头直指帝国主义和封建军阀，上面写道：

亲爱的市民们：你们要知道你们的苦痛，是谁给你们的？你们要知道全国兵灾匪祸是谁造出来的？这都是洋鬼子与军阀互相勾结作的孽。我们要想独立与自由，要想解除一切压迫，只有团结起来拥护为我们国民利益而奋斗的孙中山先生主张的国民会议，才能打倒侵略我们的洋鬼子、蹂躏我们的军阀。

几天后，王尽美又在青岛大学召开的国民会议大会上发表第二次演讲。他继续解释国民会议召开的意义，讲明目的就是要结束封建军阀统治，建立民主政治，为社会主义革命扫清道路。他还振臂高呼，要求青岛的各界有识之士团结起来，大家共同为争取国民会议的召开而努力。

青岛国民会议运动，是青岛共产党人和国民党人真诚合作的第一次成功实践。在短短几个月里，全市各界民众团体几乎全部参加了国民会议促成会，进行集会、联谊、游行、演讲，拥护共产党和孙中山提出的召开国民会议的倡议，形成了一股反帝反封建的巨大洪流。这其中，王尽美发挥了巨大作用。

2月，王尽美来到淄博，参与领导发起成立淄博国民会议促成会。王尽美首先同淄博下辖的博山县商会会长张焕宸交换意见，后又与国民党博山县党部负责人商谈。事后，他在博山县商会设立国民会议促成会筹备处，并张贴《启示》，宣告：请有以国民会议事见询者驾临商谈，凡各团体赞成斯旨者请即加入，共同筹备，以期促成会早日成立。

《启示》很快在全县引起强烈反响，许多社会知名人士闻讯后，纷纷前去与王尽美接洽。王尽美还在博山县商会组织的研究国民会议促成会的集会上发表演讲，他详细介绍了孙中山为召开国民会议从广州北上的情况，阐释了国民会议促成会的重要意义，要求博山各界团结一致，拥护国民会议的召开。

不久，淄博国民会议促成会正式成立，还一致通过了淄博国民会议促成会宣言。其间，除了做社会名流的工作，王尽美还深入博山县同兴煤矿，动员工人群众。他对工人们发表演说，说明成立国民会议促成会是为团结各界民众打倒军阀，实现工人的解放；指出孙中山是革命者，工人群众应该尽力支持他。王尽美见工人们一个个衣衫褴褛、面黄肌瘦，便启发工人道："创造世界的劳动者，受此待遇，太不公平了！苏联的工人、农民已经打倒了资产者，成了国家的主人。咱们工人也只有组织起来进行斗争，才能活下去。为什么我们辛辛苦苦劳动创造了大量财富，反而吃不饱，穿不暖？这是因为我们创造的财富被强权统治者夺去了！"演说结束后，王尽美还为几位工人主持了隆重的入党仪式。

1925年2月，中国共产党同孙中山商议后，决定在北京召开国民会议促成会全国代表会议。王尽美接到通知后，便立即回到济南，随后同山东省，济南、青岛、淄博、烟台等国民会议促成会正式代表一同赶赴北京。

积劳成疾，
与世长辞

　　长期的紧张工作及奔波劳累，使王尽美的身体健康受到很大的摧残。1924年10月，他染上了肺结核病。后又因劳累过度，吐血晕倒，被送进了济南的一家医院治疗。住院期间，王尽美仍挂念党的工作。不到一周便要求出院，继续工作，奔走于济南、北京、天津、青州、青岛、淄博之间，为国民会议运动摇旗呐喊。

　　1925年年初，王尽美的肺病继续发展，经常大口大口地吐血。然而，就是在这样的身体状况下，他仍然以党的事业为重，顽强地继续战斗，参与领导了胶济路和四方机厂罢工、大康纱厂罢工、青岛纱厂工人第一次同盟罢工。1925年5月，病魔缠身的王尽美在看到青岛纱厂工人第一次同盟罢工取得胜利后，病情陡然加剧，以致卧床不起。

当时，震惊全球的五卅运动正在神州大地狂飙突进，山东人民也掀起了轰轰烈烈的反帝爱国运动。王尽美虽然身在病榻，却十分关心革命形势的发展。他向前来看望他的同志、朋友、群众，反复询问反帝爱国运动的开展情况。眼见战友们为革命马不停蹄地工作，自己却困于病榻，还需要别人的照顾，王尽美感到十分痛苦。

随着自己的病情越来越严重，王尽美为了不给组织增添麻烦和负担，同意暂时回家休养。1925年6月，他回到自己的故乡——山东省莒县北杏村，见到了白发苍苍的祖母、慈祥善良的母亲、勤劳能干的妻子以及两个天真可爱的孩子。

为了使王尽美能安心治疗，家人对他悉心照料，还四处访请良医，希望他的病情好转。党组织为他筹措一些生活费和治疗费用。然而当时肺结核极难治愈，许多医生对王尽美的病情都毫无办法。眼看王尽美的病情一天天加重，亲人们心如刀绞。

王尽美的两个儿子王乃征和王乃恩，当时已经懂事。王尽美治病期间，常常把孩子叫到自己的床前，向他们讲述革命道理，告诉他们长大要为穷人谋幸福，要做对社会有用的人。

在家休养一个月左右后，王尽美自知已没有生的希望，便希望在最后的时间里，回青岛看望战友们。祖母、母亲和妻子考虑到青岛的医疗条件比乡村更好，便同意了他的要求。她们把家中可以变卖的东西全部卖掉，为王尽美筹措了路费和治疗费。

7月，身体已经十分虚弱的王尽美，在母亲的陪同下，离开北杏村，前往青岛。临行前，他知道此去将是生离死别，于是紧紧抱住两个孩子，久久不愿放开。最后，他再次深情地看了一眼郁郁葱葱的乔有山，在亲人们的注视下，离开了家乡。

到青岛后，王尽美住进了青岛医院治疗。许多同志纷纷前往医院看望他，为他捐助医疗费。许多人看到王尽美气息奄奄、骨瘦如柴的样子，难过不已。王尽美丝毫不以为意，从不谈及自己的病情，而是勉励大家为党工作，为革命奋斗不息。他遗憾地说道："我是不行了，你们好好为党工作吧！我

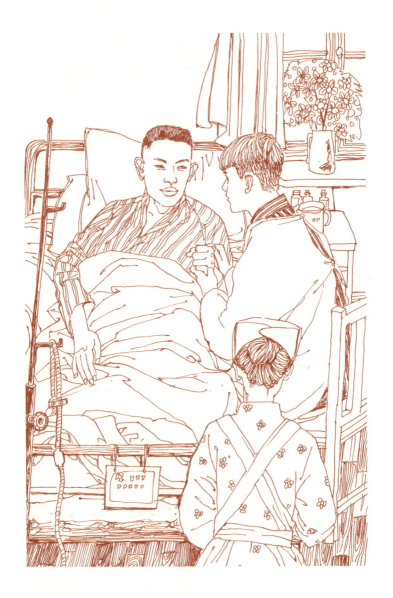

万想不到会死在病床上。"

离开人世前，王尽美请组织派人为自己笔录了遗嘱：

全体同志要好好工作，为无产阶级和全人类的解放和共产主义的彻底实现而奋斗到底！

1925 年 8 月 19 日，王尽美与世长辞。时年 27 岁。

王尽美逝世后，中共青岛党组织为他举行了简单的追悼会。会上，当众宣读了他的临终遗嘱，并致哀悼。会后，党组织派人将他的灵柩送回家乡北杏村安葬。

王尽美的一生虽然短暂，但是他为党的事业作出了难以磨灭的贡献，在党史上铸下了一座巍巍丰碑。中共北方区委得知王尽美去世后，在北京和唐山等地，为他举行了隆重的追悼大会。曾与王尽美一起战斗过的罗章龙，怀着悲痛的心情作了一首吊唁诗，纪念缅怀王尽美的功绩。

忆昔书记部　东鲁萃群英

党团多魁秀　君领方面军

严严泰山峻　泱泱黄海云

青济宄泰间　风起复云蒸

方圆亘千里　车马久经循

攻守大槐树　转战皇姑屯

罢工曾卧辙　布檄竞飞文

凡此诸战役　与君共经纶

君绩愈益重　君体愈益轻

积劳染沉疴　心力交相侵

予闻君病危　一再临海滨

访君汇泉医　见君神志清

遗语不及私　肝胆为摧崩

医术诚不竞　百药竟无灵

夺我党之良　苍天何不仁

叹息斯人去　群工泪为倾

此恨何时已　沧海欲生尘

图书在版编目（CIP）数据

王尽美 / 张树军主编；徐嘉编著．－－北京：学习出版社，
2020.9（2021.5重印）
（中华先烈人物故事汇）
ISBN 978-7-5147-1013-7

Ⅰ．①王…　Ⅱ．①张…　②徐…　Ⅲ．①王尽美（1898-1925）－传记　Ⅳ．① K827=6

中国版本图书馆 CIP 数据核字（2020）第 148158 号

王尽美
WANG JINMEI

主编/张树军　　副主编/王相坤　　编著/徐　嘉

责任编辑：张　俊　　封面绘画：徐玉华
技术编辑：胡　啸　　内文插图：姜　超
美术编辑：杨　洪

出版发行：学习出版社
　　　　　北京市东城区崇外大街11号新成文化大厦B座11层
　　　　　（100062）
　　　　　010-66063020　010-66061634　010-66061646
网　　址：http://www.xuexiph.cn
经　　销：新华书店
印　　刷：北京市密东印刷有限公司

开　　本：787毫米×1092毫米　1/32
印　　张：5
字　　数：71千字
版次印次：2020年9月第1版　2021年5月第2次印刷

书　　号：ISBN 978-7-5147-1013-7
定　　价：20.00元